稳中求进

股市投资攻守道

陈昊扬◎著

中国铁道出版社有限公司
CHINA RAILWAY PUBLISHING HOUSE CO., LTD.

图书在版编目（CIP）数据

稳中求进：股市投资攻守道/陈昊扬著. —北京：中国铁道出版社有限公司，2022.6
ISBN 978-7-113-29044-3

Ⅰ.①稳… Ⅱ.①陈… Ⅲ.①股票投资 Ⅳ.①F830.91

中国版本图书馆 CIP 数据核字(2022)第 060499 号

书　　名：稳中求进——股市投资攻守道
WENZHONGQIUJIN：GUSHI TOUZI GONGSHOUDAO
作　　者：陈昊扬

责任编辑：张亚慧　　编辑部电话：（010）51873035　　邮箱：lampard@vip.163.com
编辑助理：张　明
封面设计：宿　萌
责任校对：孙　玫
责任印制：赵星辰

出版发行：中国铁道出版社有限公司（100054，北京市西城区右安门西街 8 号）
印　　刷：北京柏力行彩印有限公司
版　　次：2022 年 6 月第 1 版　2022 年 6 月第 1 次印刷
开　　本：700 mm×1 000 mm 1/16　印张：11.5　字数：126 千
书　　号：ISBN 978-7-113-29044-3
定　　价：69.00 元

推荐序

我很喜欢结交一些从事实际工作的朋友，尤其在工作期间，从事金融财税管理工作多年，我认识了业界很多优秀的从业精英，有些是属于在业内称为“虫”级的地道行家，我从与他们的交流和沟通中，学习到很多实际运作的经验和做法，真正受益良多。

私募界的陈昊扬经理，即本书作者，是我认识的一名长期业绩优秀、专门从事私募股票基金的金融企业家。他优秀的业绩表现不仅取决于他精明的直觉和果断，更取决于他在基金运作过程中往往有理论模型的指导。他的特点之一是喜欢宏观经济研究，他是一个总爱琢磨总体经济分析的基金经理。我们并不经常见面，但一有机会接触，每每和他交流，他都喜欢和我聊一下经济学理论或宏观经济形势的问题，而我则总想从他那里了解一些实际操作技巧。

昊扬的大学本科是对外经济贸易大学经济学专业，对于宏观经济的分析有自己独特的视角，尤其对于经济泡沫的生成与发展的敏感度特别高。他在读大学本科的时候，正值日本经济泡沫破灭时期，当时他师从来北京交流讲学的日本东京经济大学著名教授松本光太郎，对正在进行中的日本经济泡沫破灭现象有第一手的观察和体验。后来昊扬对于1998年亚洲金融风暴、2000年美股互联网泡沫，都有细致的分析梳理，结合业务研究得很深入，而对2008年发生在美国的金融危机更有专业关注，并进行了持续跟踪研究。

中国的私募基金业的启动与发展是2000年后的事情。当时随着加入WTO的进程，金融业改革开放逐渐起步，KKR及黑石等国际基金开始进入中国试水。2006年中央批准天津滨海新区为“综合配套改革试验区”，其中包括金融领域的先行先试。在国家发展改革委的指导下，我组织人员制定了金融改革具体的实施方案，经国家批准后得以运用，天津在全国首先开展了私募基金试验，通过持续多年的“私募股权基金国际融资大会”（简称“融洽会”），推动各种类型私募基金在天津兴起，并很快普及全国多地，迅速发展。

昊扬就是在这前后开始创业，加入机构股票投资发展的大潮中，并且一直保持着优秀的从业纪录，在他自己个人的股票投资生涯中，留下了令人称羡的好口碑。他自己总结说，多少同业朋友在危机时永远地“沉没”了，而他却幸运地一波一波地“渡”过来了。2007年A股大牛市高位时他成功逃顶，又在2008年底股市开始反弹之前重新抄底入市。2009年开始担任海外投资机构FUN COLLECTION股票投资经理，取得连续4年不错的业绩之后，2013年昊扬创立了利檀投资基金公司，成为私募基金经理，并公开发行股票基金产品，成功做到了在年底上证指数在2000点左右低位时抄底，并于2015年6月A股大盘冲顶之前再次精准逃顶。我问昊扬他的几次成功运作，是否与研究过泡沫经济并总结出一些规律有关系，他模棱两可地回答说，这几次逃顶都是运气好，懵懵懂懂，其实并不是看得多准。

他可能是谦虚，也或许想有意识地保留一点儿神秘感。我从他的口吻中推测认为，一次逃顶成功可能是运气好，但若连续在多人都“沉没”的2007年底，特别是在2015年6月，A股的两次历史大顶前都能够成功撤出，应该同昊扬多年来对宏观经济分析及资本市场的泡沫现象的跟踪研究，从而培养了自己对泡沫破裂时机的判断能力是有紧密关系的。

在本书中，昊扬毫不保留地透露了他的秘密。原来，他已经成功地构建了独具特色的利檀2.0版低波动投资策略模型，而此策略是借鉴了20世纪50年代美国芝加哥大学经济学博士马科维茨提出的现代组合投资理论。马科维茨凭借现代组合理论获得了诺贝尔经济学奖，而昊扬借鉴现代组合理论管理的利檀投资基金产品，截至2021年2月底，也在全市场所有5年期私募股票型基金产品里的夏普比率排名最高，实现了理想的低波动稳健增长的策略目标。

昊扬经过多年的观察与分析，从2018年开始做得更多的是构建一个不管市场如何波动都可以相对稳固地控制回撤的稳健投资组合。他发现市场短期的波动，还有市场偏好，对公司估值的影响变化往往谁也无法准确预测；即便能够大概相对准确地判断市场十年难得一遇的特别高的顶部和特别低的底部，却还是没有能成功构建一个可以抵御日常市场波动的投资组合的意义更大。看来，这就是他总能够稳赚稳赢的秘密了。

前不久，在写这篇序言时，我与昊扬讨论，征询他对全球资本市场目前是否存在泡沫的看法，问他持有何种观点。昊扬竟很坚决明确地回答说，当然存在。他认为目前全球股市包括美股和A股里面，存在的最大泡沫是新能源汽车行业泡沫，而且这个新能源汽车的泡沫化程度，甚至超过了2000年的美股互联网泡沫规模。

这个预测可信吗？经济学家推测经济发展中的不确定事件，特别是对资本市场的变化做预测，通常会尽量避免同时预测发生的幅度和发生的时间，因为同时对两者预测准确的概率太低。

昊扬写的这本书，总结了自己多年来在私募界股市投资的体会，既叙述了过往成功的经验，也很坦诚地写出自己很多时候投资失败的教训。和其他投资类专业书籍不太一样，这本书前半部分把他的投资理念和自身经历穿插在一起，读起来比较轻松；后半部分的投资案例分析和介绍，也没有大量地采用枯燥的定量数据，而是把笔墨集中在定性的投资逻辑。书中还对一些上市公司的发展前景做了观点鲜明的方向性的判断。无论对错，相信对于很多业界人士应该是有重要参考价值的，特别是对那些渴望成功的投资者，不啻为是一幅珍贵的寻宝图。

请各位业界朋友及广大学界读者，不妨认真阅读一下本书，也大可按图索骥，试试自己的身手。

陈宗胜（孙冶方经济学奖获得者）

2021年9月5日于南开园

自 序

在答应出版社写一本关于股市投资的书后，一年多以来我一直陷入严重拖拉的烦恼之中。我打小读书时写作文的速度就慢，长大工作后写文字的机会少了，好像写作速度更慢了，要写出一部十几万字的书，简直是不可能完成的任务。

我并不是一个高效率人士，启动去做每一件事情好像都需要花很长时间，属于典型的慢热型。1999年，在开始工作五年后，我下定决心出来创业，当时最大的担心就是，像我这样一个效率低下办事拖拉的人，能管理好一家公司吗？不过，当赶鸭子上架，必须要面对的时候，人的潜能自然就会被激发出来。而每当慢启动以后，我总是能保持不断前进，虽然慢，最后也总是能走得比较远。

写这本书在进度缓慢的时候，幸好有公司同事一直鼓励我，我也觉得有机会把自己执掌私募股票基金公司八年多的投资体会整理、总结出来，这是一件好事，希望可以给对股票投资感兴趣的读者提供一个基金经理的视角作为参考。

回顾我创办第一家公司利檀贸易公司的经历，我要感谢先后遇见的邱鹏、杜总和陈力明，他们三人对我创办的利檀贸易公司帮助很大，而且至今都一直是利檀贸易的合伙人。在2013年我开始把个人主要精力投放到利檀投资以后，他们把利檀贸易打理得很好，利檀贸易每年赚到的利润，也都投入到利檀投资管理的股票基金里面，给我的投资事业源源不断地提供了“弹药”。

2013年底我开始筹办利檀投资公司，带领一班贸易出身的同事陈紫鹃、李楠等转型做私募股票基金公司，也受到很多业内人士的怀疑：一帮非金融出身人士做基金公司能行吗？起步管理规模不到一亿元，能活吗？经过八年多的努力，我们不但“活”了下来，而且成为在国内业绩一流的私募基金公司。其实港股和A股唯一上市的股票基金公司香港惠理集团，也是非金融出身的创始人谢清海带领同样一批非业内人士，靠着多年稳健的投资收益成长起来的。

写书期间正逢疫情，也正好利用这些难得清静的时间来和自己的内心对话，把这几年的心得体会梳理出来。

作为一个低效人士，能完成写书这个“浩大工程”，我需要感谢家人、朋友和同事的大力帮助：

首先，我要感谢利檀投资和利檀贸易的同事们，你们平时努力工作，才使得我可以心无旁骛地把大段时间放在写书上。

其次，我要感谢我的家人：我的太太徐靖。我有一半的时间要待在上海的公司，而我太太独自承担起照顾两个孩子的重任，她把两个小孩带得很好，让我完全没有后顾之忧。

我要特别感谢我的妈妈，她不但是我走上股市投资道路的引路人，也是利檀投资的监事长。除了高效准时这一点没学到以外，我从妈妈身上学到了勇于进取、待人宽容和保持好奇心等优点，这些对于管理一家私募股票基金公司都是很重要的特质。

最后，我想对可能现在正在从事非金融工作的读者朋友说，如果你真的对投资感兴趣，读完本书后觉得自己也可以从事职业投资的话，一定要相信自己，先从尝试开始行动起来。不断提高自己在股市的投资能力，即使最后不是用于从事专门投资的工作，对自己人生财富的积累也是大有益处的。

陈昊扬

2022年3月

目 录

第一章

基金经理养成记

一、学生时代初识泡沫

投资股市最大的风险之一是买在大牛市高位，牛市逃顶的关键是要具备对充满泡沫的牛市顶峰的识别能力。

我出生在海南岛，爸妈是当地中学——海南中学（简称“海中”）的老师。当时海中的老师都住在校园的住宅楼里面，我的童年和少年时期都是在海中校园度过的。校园里有一起快乐玩耍的小伙伴，有可以自由奔跑踢球的操场，有来来往往朝气蓬勃的住校小哥哥和小姐姐，这是我记忆中趣味无穷的乐园。

这个乐园里最重要的元素之一是“书”。我爸爸是化学老师，妈妈是语文老师，家里放满了书，我从小就生活在一个充满书香气息的氛围里。小时候妈妈让我看一些很难的经典名著，比如《水浒传》，这些书并没有提起我真正的兴趣。直到小学五年级时，我无意中翻到一本武侠小说《书剑恩仇录》，一看就爱不释手，捧在手里可以从早一直看到晚，感觉好像打开了一扇精彩纷呈的大门，这种欲罢不能的快乐让我从此爱上了阅读。

那个时代没有手机，我少年时的最爱除了踢球，就是找各种书来读，包括武侠小说、言情小说、古典名著、读者文摘等在内的五花八门的书籍。我甚至还很享受从家里的老箱子里翻出几年前的旧报纸，阅读上面的体育新闻，特别是关于足球和围棋方面的新闻。

这种从小培养的大量阅读的习惯，在我走上职业投资的道路后，给了我很大的帮助。因为做投资最重要的基础工作就是海量阅读各种资讯，了解所投资行业和公司的各种信息。不能享受阅读乐趣的人很难忍受这种年复一年、日复一日，从早上起床睁眼到晚上睡觉闭眼都不间断阅读的枯燥过程，所以说要当基金经理，第一个前提就是必须喜欢阅读。

不过我在上大学之前从来没有阅读过关于经济金融方面的书籍，那时是20世纪80年代，这方面的书很少。80年代国内股市还没有成立，关于股市投资的书更是很难找到。

1990年，我考上北京对外经济贸易大学外贸日语专业，开始接触经济学方面的课程，毕业时拿的是经济学学士学位。大学期间，我保持了和小时候同样的爱好，除了在球场上踢球，最喜欢的就是泡在图书馆里看书。

在大学时代，我开始接触并沉迷阅读各种关于企业管理、宏观经济和金融领域的书籍，唯独很少有机会读到关于股市投资方面的书。

上交所在1990年成立，次年深交所成立，当时中国的股市刚起步，关于股市投资的书还很少。

大四的时候，我们专业来了一位日本外教——松本光太郎。松本老师当时30多岁，是东京经济大学最年轻的经济学教授。松本教授不仅研究经济学，对人类文化学也有深入研究，能说一口流利的带四川口音的普通话。松本老师年轻，喜欢和我们打成一片，经常会邀请我们到他住的外教公寓吃饭聚会，还时不时地到学生宿舍和我们聊天，深受同学们的欢迎。

我印象最深的是他在上课时的一句话，他说："我们研究经济的，每天都要阅读当天的财经报纸及各种财经杂志和书刊。”当时松本老师每隔一两个月就会返回东京，每次归来，都会带上一整行李箱的日文原版最新经济金融书籍，上课时会发给我们每人厚厚的好几本书，要求我们一周内阅读完毕。

读外文原版书已经是很困难了，何况是高难度的原版专业书籍，一周内看完一本就很不容易了，同时看完几本简直就是不可能完成的任务。现在回想起来，我特别感谢松本老师，他的一周内数本原版经济书刊阅读挑战在我心里埋下了海量快速阅读的种子。在当前这种资讯爆炸的互联网时代，如何在海量的内容里面迅速捕捉到最关键的信息点，是需要反复训练的核心投资能力之一。在大学培养的快速阅读能力，对我日后从事基金投资经理的工作帮助很大。

当时阅读的日文原版书籍里，有大量关于日本90年代泡沫经济破灭的描述和讨论。大学时代对泡沫经济形成原理的研究，对我日后理解和判断行业和股市周期大有帮助。

二、外贸生涯和周期意识

万物皆周期，股市当然也具备明显的牛熊周期，股市及投资行业的周期位置，对投资收益有着非常重要的影响。

1994年，大学毕业生还遵循分配工作机制，我从对外经济贸易大学毕业后被分配到了经贸部（“商务部”的前身）直属的中国纺织品进出口总公司工作。

90年代初期，中国的外贸进出口业务蓬勃发展，外贸公司是最赚钱的行业之一。因为毕业能被分配进入经贸部下属的进出口公司工作，对外经济贸易大学成为当时最炙手可热的大学。90年代初期，经贸大学的录取分数线是全国最高的，甚至比清华北大还要高，那几年，全国各省市的高考状元几乎有一半都在经贸大学。

90年代后期，随着进出口专营权逐步放开，实体工厂和民营企业都可以申请自主经营进出口业务，外贸行业开始走入下坡路。进入21世纪，互联网兴起，信息透明化使得全球流通领域的去中介化势不可当，贸易行业逐步萎缩，外贸行业更是日落西山。

时代的大潮中，对外经济贸易大学作为当时全国最热门、最难考的大学的盛景也仅是昙花一现，毕竟无论从学术底蕴、师资水平还是历史传统，经贸大学比起清华、北大这样的传统顶级名校还是有相当差距的。就像估值过高脱离基本面的股票，随着时间会逐步回归正常估值一样，现在的经贸大学也早已回归到正常的大学排名。

1994年至1999年，我大学毕业后的第一份工作是在中纺总公司的子公司——中纺原料进出口公司担任外贸业务员。中纺原料主营业务是纺织原料羊毛、腈纶棉、涤纶棉和粘胶人造棉的进口贸易。90年代，中国的纺织化纤原料产能还不发达，而下游纺纱织布成衣发展迅速，需要从海外大量进口。纺织原料属于大宗商品性质，在中纺原料工作这几年，我开始体会到商品价格波动的周期性。

刚进入公司，我的师父梁志华就教导我："纺织原料价格是有周期性的，涨几年涨多了就会下跌，下跌几年跌多了又会上涨；今年羊毛涨，明年腈纶棉涨，后年涤纶棉涨，各个品种涨跌是有轮动性的，今年跌的品种可能明年会涨，今年涨的品种可能明年又会跌，风水轮流转。”

风水轮流转背后的经济学原理就是“市场供求关系决定价格”，当一类商品订单增加，价格走高，行业内生产厂家的订单供不应求，利润率上升，厂家自然会投资，加大产能；当产能不断提高后，供应量的增长超过需求的增长，市场进入供大于求的拐点，价格就会不断走低。

商品周期属于行业周期，除此以外，还有许多不同角度的周期。比如：反映供求关系的库存周期，反映产能变化的投资周期，反映债务情况的债务周期，还有覆盖经济领域全方位的宏观经济周期。如果把时间拉长，从历史维度观察，万物皆有周期。从历史长河的维度看，一个国家和民族的兴衰有周期。以十年维度看，全球经济也有周期，1998年是亚洲金融风暴，2008年是欧美金融海啸，2018年是全球性资本市场下跌。

我认为，2018年开始的全球经济周期调整至今没有结束，还在进行中。我认同美国著名基金经理达里奥的观点，从长债务周期看，2008年全球经济衰退引起全球去杠杆后，至今10多年的时间，全球债务又积累到了一个危险的高峰期。本来2018年全球资本市场下跌，如果按照自然市场规律，应该会发生一轮由大级别经济衰退带动的企业破产潮导致的债务重组，全球债务杠杆降低到一个安全水平，经济周期触底后重新启动。不过全球央行的联手大放水扭曲了这一轮周期。

在中纺原料公司工作的经历，使万物皆有周期的观念牢牢地印刻在我的脑海。后来当我开始股市投资生涯时，也很容易理解股市有牛熊周期，大牛市到来了，熊市必在前方；熊市到了最低谷，牛市就在孕育。牛熊转换，循环不已的观念从一开始就自然地贯穿进我的股市投资哲学里。

回顾我的投资生涯，在2006至2007年和2014至2015年的连续两次大牛市成功逃顶和我在大学时代建立的对资产泡沫破灭的警惕意识有关系。在2008年、2013年和2016年熊市滑到最低点后勇敢加大对股市投入，则和我在第一份工作里领悟到的万物皆有周期，大熊市之后股市必将逐步恢复的意识不无关系。

从2018年6月发行管理利檀6期基金产品开始，我进一步把周期思路运用到仓位控制、选行业、选个股及选择买卖时机的投资策略全过程。首先从宏观经济视角出发，判断当前经济和股市周期大概处在哪个位置，以决定进攻和防守的仓位分配；其次从行业和公司周期的角度，判断某个行业板块和公司个股是否处在一个好的买点或者卖点。

坚持以周期的视角观察，就可以发现很多行业和公司都具有周期性，包括一些市场普遍认为的非周期性行业和个股，比如这几年的A股股王贵州茅台。茅台的股价从2014年初的低位约100元（前复权）上涨到2020年9月的1 668元，在6年半时间涨了16倍。白酒作为消费品，一般观点认为它属于非周期性行业。特别是这几年白酒板块估值一直上升，股价普涨，普遍观点认为白酒板块是穿越牛熊的非周期板块。不过，往前看几年，茅台酒也曾从2012年高位260元跌到2014年初的110元（不复权）。2012年到2014年，不单是茅台，整个白酒板块都陷入周期性调整行业谷底。当时不只是茅台股价下跌，其他白酒股票股价也都随行业调整而下跌。

由于茅台是具备金融属性的收藏品，除了行业周期，茅台还具有社会库存周期，该周期会影响市场价格，形成茅台的价格周期。历史上当茅台在涨价周期时，各种渠道和机构还有个人都会尽可能地买入茅台增加库存。这种社会库存数量很难估算，不过可以肯定的是，当茅台零售价涨到头开始进入下跌周期的时候，这些库存就会释放出来，进一步打压价格。

历史上当茅台零售价开始进入向下周期时，茅台的股价也会进入下行周期。在本书后面的章节，我会列举一些具体的投资案例来说明，如何以周期论来帮助大家选择股票的买点和卖点。

三、我的老股民妈妈

我妈妈是90年代就开始炒股的第一代老股民，也是对我一生影响最大的人。

按照传统观点，妈妈是一个爱折腾的人。在45岁以前，妈妈一直是一名中学老师，还曾经是我初中时的班主任。妈妈教学风格活泼，对学生照顾有加，深受同学们的爱戴。妈妈还是一个在她那个年代里投资观念超前的人，在80年代就花钱买了一小块地，找施工队盖了一栋三层小楼租出去。在1989年45岁的年纪，妈妈竟然辞去了中学老师的职务，跳槽到海南电视台下属的事业单位声屏报社，同时兼任编辑和广告部销售，为报社拉来不少广告投资。

妈妈投资操作上让我印象最深的一次是东阿阿胶在1993年发行原始股，当时在山东省内公开出售。那个时候是现金年代，没有手机支付，银行转账都不方便。妈妈听到消息后，感觉是个好机会，就揣着自己和亲戚朋友的十几万现金，坐着火车去到山东，购买了十几万股东阿阿胶原始股凭证，过了几年，等东阿阿胶上市时卖出去，赚了一倍。

妈妈90年代初开始炒股，是股龄接近30年的A股老股民。和绝大多数散户一样，妈妈多年在A股浮浮沉沉，基本上没赚到钱。也许并不认为炒股有多好，妈妈没有引导过我去股市投资，反倒是我在工作以后，看到身边一些朋友因为买到退市股票遭受重大损失，经常提醒妈妈炒股要多注意风险。

我工作多年，直到30岁之前，一直从心底里认为炒股就是一个投机性很强又容易亏钱的不划算的买卖，完全没想到自己有朝一日会走上股市投资基金经理的职业道路。

妈妈虽然深爱着自己的孩子，也想我和我姐姐多留在身边，但为了我们的前途，她还是鼓励我们离开家乡，去外面的世界闯荡。当初高考填报志愿的时候，我曾经想过去北京大学，不过我妈替我拍板，报了对外经济贸易大学。

1994年，我大学毕业，妈妈也积极鼓励我留在北京工作。也许是遗传了妈妈爱折腾的基因，1999年，我决心离开中国纺织品进出口总公司这个当时的金饭碗，自己创业做外贸。记得我打电话回家，告知父母我决定辞职创业，万一失败，国营铁饭碗是回不去了，但是还可以去外企，收入也不低。电话里，爸爸还有点儿担心，妈妈却是一贯地支持和鼓励。

2006年开始，A股迎来了历史上最大的一波牛市，股市两年内从2005年底大约1000点低位，上涨到2007年10月的6000点位置。在牛市狂奔的两年中，我身边几乎所有人都卷入了炒股赚钱的洪流中。

由于从事外贸业务积累了一些财富，我在2006年也受到周边炒股热情的感染，开始投入部分资金去炒股。到了2007年夏天，大学时期养成的危机意识开始提醒自己，该离场了。我清空了在A股的持仓，并劝说妈妈收手。妈妈当然没有听我的话，可能在妈妈心目中，我在股市中的资历尚浅，而当时所有人都还赚得开心，普遍观点是A股有可能冲破一万点，怎么会在这时轻易离场？

我看见妈妈不听，就想了一招，假装说我做外贸生意需要周转用钱，妈妈才很不情愿地从股市里抽出一半的钱，大约10万元借给了我。一年后股市已经跌了一半多，我把10万元还给我妈妈，她非常开心。

我在2014年初成立利檀投资，专门从事二级市场股票债券投资。妈妈作为在A股沉浮20多年却没挣到钱的老股民，虽然亲历了2007年我的成功逃顶，但还是担心我多年创业的积蓄会在A股打水漂。为了缓解妈妈的焦虑，我特意邀请妈妈担任利檀投资的监事。成为公司内部人士的妈妈小心翼翼地观察了两年利檀投资的表现，终于放心地在2016年把自己的所有积蓄都交给我管理，在4年多的时间里，这笔投资升值了约3倍，妈妈彻底放心了。

1999年初离开中纺后，我先是和经贸大学的师兄朱晨介绍的合伙人郭立东合作了3年，挂靠在一家有进出口权的中国化工供销天津公司，从事纺织品纱线出口业务。到了2001年，我想把业务从纱线扩展到布料，而主要的布料厂家集中在江浙一带，我就和一位已经在江浙从事布料业务的经贸大学师兄黄张琦创立了江苏吴江飞越纺织品有限公司。

飞越纺织的办公室设立在吴江盛泽一家印染厂里面，我们尝试和工厂一起开发一种新型的天丝面料，结果没有成功，我出任法人董事长的第一家创业公司成立两年后以关门失败告终。

2001年，在经营飞越公司时，经黄张琦介绍，我认识了上海新星进出口公司董事长杜应康，原来的纱线出口业务也从挂靠中化供销公司转移到了上海新星公司。新星公司是1995年成立的中国第一批民营进出口公司之一，董事长杜总性格豪爽，喜欢扶持后辈，是我生命中的贵人。2003年，杜总联合我及另外一名合伙人陈力明，成立了上海利檀贸易有限公司，我们三人亲密无间，合作至今，利檀贸易专注粘胶人造丝领域10多年，如今已发展成该领域国内最大的贸易公司。

2009年初，利檀贸易成立5年多，在国内和海外都积累了一些利润，我们三位合伙人开始讨论如何运用这些现金留存。

我们都希望把钱留在公司找机会，不愿意全部分掉。开工厂投资实业又不是我们的强项，又因为我自己投资股市几年后心里有底，就提出来在公司成立投资部门，我负责把短时间不用的留存现金拿到A股和港股进行投资。

从2009年到2013年，利檀贸易的投资部门在A股和港股都收获颇丰。在新的《中华人民共和国证券投资基金法》实施后，国家开始发放私募基金牌照，私募基金行业在我国正式起步，我提议把利檀贸易的股票投资部门独立注册成为利檀投资公司。

杜总和陈力明看到4年来我操盘的股票投资收益不错，欣然同意。我们三位合伙人一起牵头在2014年初发起成立利檀投资管理有限公司，我出任董事长兼投资总监，利檀投资自此启航。

第二章

股市修炼

一、对我投资影响较大的书

2006年进入股市投资后，我试图通过学习各种投资理论来寻找自己的方向。然而，建立自己稳定的投资哲学和体系需要大量时间和经验的积累，包括赚钱和赔钱的经验。此外，可能还需要一些悟性。在没有形成自己的投资理念之前，面对五花八门的股市理论和股票信息，我和很多散户一样，好像在茫茫大海里没有目标地漂流，毫无头绪。

市场上存在形形色色的股票投资理论，总的来说，大概可以分为两大流派：技术流和价值派。技术流会分析股价走势和成交量的情况，通过研究走势图来判断股价可能的涨跌。我曾经尝试过读技术流的书，但是感觉就像在看天书一样，根本学不进去。也许是因为我读中学时就不喜欢学习几何、数学和物理、化学，选择了文科；大学时我们专业可以不用选修高等数学，所以我是没学过高等数学的经济学学士。

（一）价值投资书籍

我选择的路是价值投资基本面分析选股路线，不只是因为全世界公认股票投资最成功的人是价值投资派的巴菲特，还因为我对价值投资理论是真的一见钟情。

巴菲特曾经说过：一个人刚接触到价值投资理念的时候，要么马上就接受，要么一辈子都不会接受。我第一次看到巴菲特价值投资理论的书时就感觉茅塞顿开，十分享受。确定了自己的方向后，我开始大量阅读各种各样能找到的有关巴菲特价值投资理论的书籍，直到现在，利檀投资办公室的书架上半数以上的都是有关巴菲特的书。

巴菲特自己出的书并不多，主要是早期写的一些文章和后期每年一次巴菲特在伯克希尔哈撒韦（以下简称伯克希尔）公司年会的致股东信，市场上主要是其他人写的关于巴菲特的书。如果要在琳琅满目的巴菲特书籍里面精选出两本最有代表性的，我的个人推荐是下面两本。

《雪球》是巴菲特自传，这是唯一一本巴菲特亲自授权的自传，作者爱丽丝·施罗德原本是摩根士丹利公司跟踪伯克希尔公司的证券分析师。在跟进伯克希尔的6年后，爱丽丝得到巴菲特的充分信任。巴菲特欣赏爱丽丝对证券投资的理解和洞察力，同意授权爱丽丝写一本全面、正宗的巴菲特传记。爱丽丝在5年多的时间里，花了约2 000个小时对巴菲特本人进行了面对面及电话访谈，同时采访了巴菲特的家人、朋友及同事共250余人，以投行专业人士的视角写出这一部原汁原味的巴菲特传记。

《巴菲特致股东的信》，作者巴菲特和劳伦斯·坎宁安（巴菲特的独家编辑），翻译是杨天南（翻译对于一本书非常重要，杨天南本人是一名成功的股票投资人，对巴菲特的理解很深）。巴菲特在每年伯克希尔公司年会上都会发表长长的超过万字的《致股东信》，至今超过50年。这本书把这么多年的巴菲特致股东信提炼分类，用巴菲特自己的话说："坎宁安做了一项伟大的工作，他整理呈现了我的理念，这本书比任何一本有关我的传记都好。"

我在阅读了大量有关巴菲特的书籍以后，又把学习扩展到了巴菲特的老师写的书。

巴菲特自称投资理念“85%来自格雷厄姆，15%来自费雪”。格雷厄姆是一名出色的基金经理，作为巴菲特大学时的老师和第一份工作的老板，他是巴菲特口中一辈子的恩师。为了纪念恩师，巴菲特甚至给自己长子取名霍华德·格雷厄姆·巴菲特。格雷厄姆撰写的最有名的书籍是《证券分析》和《聪明的投资者》。

《证券分析》号称“投资界的圣经”，是一本专供已经具备相当的财务和投资知识的专业投资人士阅读的书。该书的背景和引用的案例源自20世纪20~30年代的美国股市，在八九十年后的今天，这本书显得有些晦涩难懂。如果要推荐最值得阅读的格雷厄姆的著作，我认为是入门级的《聪明的投资者》。

《聪明的投资者》成书于1949年，是巴菲特口中“最值得推荐的关于投资的书”。书里非常鲜明地指出了价值投资和投机的区别，同时对股票估值方法及如何构建一个稳健的投资组合提出了全面而清晰的思路。不过需要注意的是，该书所产生的年代还是美元挂钩黄金的金本位货币制度，那个时代的估值方法并不完全适用于现在的信用货币时代。如果照搬使用格雷厄姆的选股方法，很多互联网高科技时代靠着负债驱动，通过高投入研发和市场营销，不求利润，但求市场份额的股票，都是按照格雷厄姆理念绝对不能去碰的具有极高市盈率或者是由于长期亏损导致负的市盈率，还有极高市净率的危险标的。

巴菲特另外一名恩师是费雪。费雪开创了买入成长股并超长期持有的价值投资先河，和格雷厄姆注重分析行业现状及公司现有的财务报表不同，费雪注重行业和公司发展的未来前景。巴菲特是非常重情义的人，所以他始终把自己一直跟随的格雷厄姆放在影响自己的第一人地位。不过，在受到1958年费雪出版的《怎样选择成长股》一书的影响，以及60年代结识了和费雪投资理念一致的一生合伙人查理·芒格之后，巴菲特在投资生涯最重要时间段遵循的投资理念，其实更偏向于费雪。如果不是从感恩和情义的角度来说，相信巴菲特更应该宣称自己是“15%的格雷厄姆加上85%的费雪”。

除了以上三本书籍以外，给我带来深刻影响的还有美国80年代最著名的基金经理彼得·林奇写的两本书：《战胜华尔街》和《彼得·林奇的成功投资》。这两本书最大的特点并非里面有自成体系的投资哲学，而是非常接地气，语言幽默风趣，所用的投资案例也更具有时代感。正是阅读了这两本书，我发觉基金经理并非神秘人物，股票投资并不需要不食人间烟火的高等数学计算，正常人经过努力也可以做好股票投资。可以说，彼得·林奇这两本书给了我转型从事专业股票投资的勇气。

（二）《证券分析》读后感

《证券分析》是由巴菲特的老师格雷厄姆和多德合著的经典作品，多年来被全球价值投资者奉为“投资界的圣经”。格雷厄姆是巴菲特在哥伦比亚大学时的研究生导师，而且是巴菲特一生的“精神导师”。而多德是同时期哥伦比亚大学商学院副院长，也是格雷厄姆忠实的助手和追随者。格雷厄姆之于投资界，相当于爱因斯坦之于物理学界。

比起格雷厄姆的另外一本入门级的作品《聪明的投资者》，《证券分析》是专业级别的书，目标读者是具备相当的证券和财务知识基础的专业投资人。书的背景是20世纪20~30年代的股市，在八九十年后的今天，文字表达显得比较晦涩难懂，同时书里引用的上市公司例子都来自当时的美国股市，让现在的读者感觉遥远，难有共鸣。我相信绝大部分的中国投资人包括专业人士，并没有耐心完整地读完整部作品。我承认，这里面包括我。

我自己在2006至2007年的那波大牛市时开始进入证券投资市场，在一开始没有形成自己的投资理念体系之前，面对市场上五花八门的投资流派，完全是茫然而无所适从的。然后，我想，应该向全世界做股票投资最成功的那个人去学习，于是就开始看关于巴菲特的各种书籍，感觉越看越有道理，从此走上价值投资的道路。随着研究巴菲特的不断深入，我也开始阅读巴菲特的老师格雷厄姆的书籍。买了很多版本的《聪明的投资者》和《证券分析》，包括不同的中文版本和英文原版。看《聪明的投资者》相对容易，阅读《证券分析》就是不小的挑战，特别是有些中文版本还有不少翻译错误，更加造成了理解上的混乱。所以，我阅读《证券分析》也只是断断续续，并没有完整地吸收本书的精华。

直到2019年9月湛庐文化和《证券市场红周刊》邀请我参加《证券分析》座谈会。在我看过的《证券分析》的各个中文版本中，由湛庐文化出品、巴曙松等翻译的原书第6版（参照1940年版本）是翻译水平最高的版本。所以一接到邀请，我就愉快地接受，并立刻开始重读经典。可以说，在我自己投资股票多年，并在2014年创立私募基金公司进行专业证券市场投资数年后，这一次重读经典让我真正体会到了此书的精妙。就如同修炼内力多年后，有机缘重读手里原本拥有却一直没有珍惜的武林秘籍，感觉茅塞顿开，大有帮助。

巴菲特自称自己的投资体系是85%的格雷厄姆加上15%的费雪。格雷厄姆的理念是通过分析公司长期（7~10年以上）财务报表来做定量分析，从而得出公司内在价值的定量估值，然后在市场价格大大低于内在价值时买入。这种体系注重的是公司过往的财务表现，忽略对于未来盈利的预测。而费雪体系强调对于公司未来成长性的预测，需要通过深入分析公司所在行业的商业模式和管理层能力来判断公司未来的发展潜力，注重的是对未来的准确判断。

换句话说，格雷厄姆体系只需要对公司过往已经存在的财务数据进行分析，这种方法对于绝大多数人来讲，只要深入学习财务知识，是完全可以掌握的。而费雪体系除了需要对过往进行分析，还要对未知的未来做出准确地判断和预测，难度就大大提高了，只有少数天资过人又勤奋钻研的投资人才可以真正运用。因此，我觉得格雷厄姆体系更具有实际意义，更值得在投资界推广。

我建议，所有有志于从事或者正在从事证券投资工作的人士，都应该去精读《证券分析》。即使在阅读时遇到困难，也需要反复研读，并结合日常的投资分析，用理论联系实际，加深理解。

比如，《证券分析》里面关于债券投资的部分，对我在A股投资债券就有很大的参考价值。

身边一些朋友有时会问我：价值投资是不是就是买好的公司的股票，买债券不属于价值投资吧？

价值投资只是买股票，这是对价值投资的误解，或者说只是狭隘的理解。只要经过缜密思考和分析，确信投资标的的内在价值大大高于其市场价格，出手买入并耐心持有直至市场价格回到合理或偏高水平时再卖出，就是价值投资。买入的标的可以是股票、债券，也可以是土地、商铺、公寓、农场、商品、公司，甚至是破产清算的公司，只要价格够便宜，安全边际够高。只不过，众多投资标的里面，流动性最好的是二级市场上交易的上市公司的股票和债券。

债券投资在中国价值投资者圈里并不流行，很重要的一个原因是2017年之前资本市场长期存在的刚性兑付大环境，市场对于好公司和差公司的债券定价都差不多，没有捡便宜货的机会，这导致债券投资普遍收益不高。因为国内市场长期不具备债券价值投资的土壤，导致一些朋友想当然地认为，买债券不属于价值投资。

其实在《证券分析》一书里，格雷厄姆列举了很多值得买入的内在价值大大高于市场价格的债券例子，比如：

（1）安大略电力服务公司1950年到期利率为5.5%的优先证券（债券）。这只债券在1931年7月1日未履行支付利息的义务（违约），当时的债券售价仅为21美元（面值100美元）。安大略水利委员会随后很快购买了它的资产，按900美元的新公司信用债券换取1 000美元的安大略电力服务公司债券，并且新公司信用债券由安大略省全额担保（政府背书增信）。1933年12月，新公司信用债券报价为90美元，相当于原来债券从21美元增值到81美元（1931年7月以21美元市场价买入安大略电力债券持有至1933年12月可以以81美元卖出，收益率286%）。

（2）菲斯克橡胶公司1941年到期利率8%的优先债券和1931年到期利率5.5%的信用债券。1931年1月，公司宣告破产清算。1932年，利率为8%和5.5%的债券售价分别低至10美元和10.5美元。1933年，公司实行了重组，以现金方式偿付了利率为8%的债券面值的40%和利率为5.5%的债券面值的37%，同时加送后续公司的证券。1933年底，新证券价值加上获得的现金接近利率8%的原有债券面值的100%和利率5.5%原有债券面值的70%（在1932年以10美元和10.5美元买入利率8%和5.5%的公司债券持有至1933年底，收益率分别达到900%和567%）。

可见，按照最正宗的价值投资理论，已经违约甚至已经破产清算的公司债券，只要市场价格大大低于内在价值，也是值得买入的价值投资标的。

近几年来，我国政府逐步引导金融市场打破刚兑，市场逐渐出现违约债券。2017年违约主体有10家公司，2018年达到40家。债券违约成为常态的同时，市场上不同信用等级的债券价格也逐渐出现分化，开始出现市场价格很低而年化收益却很高的债券，里面会有被错杀的标的，是作为价值投资可以买入的标的。

从2018年下半年开始，笔者所在的利檀投资公司私募基金产品开始买入被错杀的企业债券。我们的标准是寻找久期较短，在半年或者一年之内到期或回售到期的，年化收益在15%以上的债券。同时我们要求买入对象必须是上市时间较长公司的债券，这样我们可以通过深入分析公司多年连续的财务报表来判断公司是否存在严重的财务造假。

比如，2018年11月，市场上一家老牌上市公司巨轮智能发行的16巨轮01债，价格跌到93元左右。这家公司上市多年，主业是生产轮胎模具，总部在广东潮汕地区。近年来市场需求萎缩导致业绩增长乏力，公司在2016年通过收购一家商业保理公司，开始开展金融放贷业务。2016年发行11.4亿元债券，多数拿去做了保理业务赚利差，主要是给房地产企业做应收款融资，造成2018年3季报非抵押现金余额只有6亿元左右，不够覆盖2019年1月底回售的11亿多元的债券。2018年底，在离回售约2个月之际，由于市场担心违约风险，巨轮债价格跌到93元附近。

我们分析了巨轮多年的连续财务报表，认为公司多年财务数据、行业表现与公司发展大致吻合，财务报表水分不大。按照公司财报，公司持有现金且未使用银行贷款额度，可以覆盖到期债券回售。我们在2018年12月初去巨轮公司的广东总部做了调研，对公司做了实地考察，并和管理层做了面对面地交流，最终确认了我们的判断。调研回来后，我们在2018年12月19日最后回售登记日前大举买入巨轮债券，持有至2019年1月28日回售。在一个半月的时间内，我们买入的巨轮债实现了年化96%的收益。

上面列举的我们2019年初在中国市场做的投资，和格雷厄姆80多年前写的《证券分析》书里写的20世纪30年代的按照价值投资理念买入的美国债券投资案例，原理是一样的。

二、心　　态

做好股市投资，除了要建立自己的投资体系以外，同样重要的是心态的修炼。

以我自身的体会，心态更多是与生俱来的，很难讲靠后天的修炼能够提高多少。可以通过后天修炼提高的，是对股市的理解和自身投资体系的建立。对股市理解越深，自身投资体系建立得越完整，对自己买入的股票就会越有信心，也就越不会惧怕股价的波动。

从2006年入市以来，我真正开始建立比较完整的投资体系的标志，是在2018年6月推出利檀2.0版投资策略，时隔两年，我在2020年9月推出3.0版加强策略，至此，我认为自己可以更全面地应对全天候的市场变化。在后面的章节里，我会详细介绍利檀2.0版和3.0版投资策略。

有了自己的投资体系，能够对市场系统性风险和股票的估值做出内心坚定的判断，可以消除散户经常有的患得患失的心态。如果没有自己的投资判断体系，难免会人云亦云地追涨杀跌，买入的股票涨了一点，刚有点儿蝇头小利就急不可耐地想获利了结，股票稍微跌了一点儿就坐立不安地想卖出止损。

真正成熟的投资者，能够坚定地持有看好的标的，直到大幅高估或者需要减仓套现来买入性价比更好的股票。很多散户通常只持有一只股票几个月甚至几天，我们可以对比一下历史上最有名的投资人士的持股时间。众所周知巴菲特往往持有看好的股票长达数十年，比如可口可乐，巴菲特从1988年开始买入持有至今30多年没有卖出。有人说是巴菲特资金量巨大，持有一家公司的股份比例太高，不方便轻易卖出，尤其是他还一直担任可口可乐的董事，道义上也不好大幅减持。并且如果大幅减持，可能董事会换届时会落选，就会多少失去一些对公司的影响力。

如果说巴菲特持有可口可乐30多年有散户没有的特殊原因，那么我们可以看看巴菲特的老师费雪。费雪一生主要是自己从事投资事业和担任大学老师，投资规模没有巴菲特那么大，也没有进入所投资公司的董事会，他的投资可以来去更自由，但是他依然选择了长期集中持有看好的公司，这无疑是最有效率、最省力的投资方法。

1987年，80岁高龄的费雪接受《福布斯》杂志访问时提及：我在50年的投资生涯中，只有14只核心股票，持有周期都很长，最短8~9年，最长30年，其中获利最少的有7倍，最多的达到几千倍。对比之下，可能很多普通投资者持有股票能达到8~9个月时间就算长的了。

历史上高效率的价值投资大师一般都很长寿，19世纪出生的格雷厄姆活到了82岁，在同时代算是高寿。1907年出生的费雪活了97岁，1930年出生的巴菲特到2022年已经92岁，依然精力充沛地在工作。更神奇的是，比巴菲特还年长6岁的芒格也还没有退休，和巴菲特一起掌管万亿美元市值的伯克希尔公司。价值投资大师长寿背后的原因之一，可能是对自己买入的股票都坚定看好，不轻易买进卖出，心理能量消耗极小。

要真正做到持股时内心坚定，除了会给公司估值外，还有一点很重要，就是要“忘记”买入时的价格或者说持有成本。我刚进入股市的时候，也是特别注重买入成本，做买卖决策时总是先考虑按照买入价亏了还是赚了。后来当我逐步建立自己的投资体系和估值体系后，在考虑是否买入卖出一只股票时，只会考虑估值和是否符合整体投资组合的需要，完全不会介意买入成本。如果股票赚了一倍、两倍就想着要不要止盈，就不会像费雪一样拥有盈利上千倍的标的。

投资体系是后天学习的，而面对股票涨跌的抗压能力很大程度上是天生的。

2009年，我开始正式管理专门的投资账户。我记得2010年至2014年的大盘特别低迷，有时候股市连续大跌，当时还自己炒股的妈妈会打电话善意地提醒我注意风险。每次妈妈给我打股市风险提示电话，正是我觉得看好的股票跌到很吸引人的价格，变得兴奋要加仓的时候。

2019年央视财经二台《投资者说》栏目还特意采访我和妈妈，说我自创了“妈妈恐慌指数”，每当“妈妈恐慌指数”高的时候，回头看都是买入的好时机。直到2016年之后，妈妈才完全放心地用自己所有炒股的钱购买了我管理的基金，不再给我打风险提示电话。就像巴菲特说过的“别人恐慌时我贪婪，别人贪婪时我恐惧”一样，好的投资一定是从逆向出发的，否则不会有好的买入价格和安全边际。

费雪曾说：“当我和客户针对某只股票是否买入激烈争吵，客户最后给我面子说‘既然你坚持，就先买一万股’的时候，买入时机恰到好处；当我和客户提议买入一万股，客户兴奋地说‘为什么不买入五万股？’的时候，往往我买入的时机已经比较迟了。当我参加某只科技股的会议，会议室里挤满了人，只有站的位置，这个时候不是买入这只股票的好时机。”费雪表达的是和巴菲特同样的意思。

很多人在自己买入的股票下跌时，心里会产生巨大压力，即使自己当初判断是对的，当股票不断下跌时，也会由于压力导致投资决策变形。压力导致投资变形，很多是因为自身还没有很成熟的投资体系和对公司坚定的估值判断，但是我也看到有一些很有经验的基金经理面对自己很看好的投资组合净值不断下跌时，情绪也受到很大影响。

总之，忍受买入的股票价格不断下跌或者不停上涨的承压能力，有时候比投资人的判断水平还重要。就像费雪说的："股票市场上，强健的神经系统比聪明的头脑更重要，莎士比亚可能无意间总结了股市的成功历程，即凡人历经狂风巨浪才有财富。"

幸运的是，虽然生活上我恐高怕老鼠，不敢坐刺激的过山车，但我在股市的抗压能力还算不错。2013年底，利檀投资还在筹备阶段，当时A股大盘经过2010年至2013年连续三年的低迷，特别是大盘蓝筹股票已经跌到极其安全的估值，却无人看好。中国平安只有30元左右，招商银行在10元左右，茅台才不到200元，向下空间很小，向上空间很大。经过复盘，2012和2013年，我的股票投资组合的波动回撤并不大，而且大盘在连续低迷三年后，似乎也跌无可跌了。我决定冒一次险，2013年底，正在筹备阶段的利檀投资公司三位合伙人以两千万元作为劣后，信托公司出六千万元作为优先，成立了利檀1期股票私募基金。当时信托公司发产品要求必须配资，信托公司收取7.2%的固定年化收益，一年后产品到期不管投资组合盈亏，都要按照约定的固定年化收益支付给信托公司。

由于回撤亏9%就达到平仓线，我的投资组合总共包括10多只股票，都是一些低估值的大蓝筹，还有债券。回过头看，利檀1期奠定了我注重控制波动和回撤的投资风格。

2018年央视二台财经《投资者说》栏目在采访时把我管理的利檀1期称为加了三倍杠杆买茅台（后面会有章节专门讲一下茅台），其实准确地说，茅台只是当时重仓股之一。2013年下半年开始，贵州茅台受到行业调整和其他因素的影响，单瓶市场零售价从2012年的超过2 000元一路下跌到2014年的不足900元，还可以无限制购买。当时市场共识是，如果年轻人已经抛弃白酒，1 000元的茅台将来不会再有人买了。茅台的股价从2012年的260元高位一路下跌到2014年春节前后的110元左右的低位。利檀1期2013年10月成立，从大概180元开始买入茅台，一路跌一路加仓，到2014年春节前后买成重仓股之一。

2014年春节前，我带着全家人坐邮轮出海旅游，在海上的几天是完全没有手机信号的。出海前，利檀1期因为重仓的茅台等股票下跌，净值跌到0.95，再跌4个百分点到0.91就要强制平仓。如果利檀1期被强平清盘，不但资金上遭受重大损失，事业上新公司利檀投资的启航计划也很可能会因失去合伙人的信任而夭折。按理说我那时应该会是“压力山大”，可是我当时心情真的没有受到任何影响，在上邮轮前一天交代好我的投资助理，万一产品触碰平仓线，第二天上午9点要把补仓的钱打进信托公司账户。然后，我就开开心心地和全家坐邮轮去玩了，一路上完全把股票的事抛在脑后。

过了几天下船后，茅台的股价触底回升，其他股票也都开始上涨，2014年9月基金一年期结束清算时，累计收益14.3%，扣除付给信托公司的7.2%固定利息费用，按照我们出资的部分计算净盈利35.6%。

回顾这段往事，别人眼中我经受了极度压力考验，而我在当时并没有感觉到压力，在邮轮上的那几天，玩得非常开心。

这些年，经历过2015年大幅下跌，2016年初两次股市跌停熔断，2018年全年低迷及2020年3月美股4次熔断导致的全球股市下跌，我都不曾在心理上感受到很大的压力。这也许是一种得天独厚的能力，不过这种能力也有副作用，就是买的股票上涨，我也没有快感，只会觉得自己看准了，有满足感，但是真的也没有很大的快感。

第三章

我的投资“滑铁卢”

一、贻误战机——361度债券

做投资讲究见到机会就迅速行动，因为有时候因市场错误定价导致的捡便宜的机会，持续时间不会很长。当其他人也发现机会，捡便宜的人一多，价格自然会恢复正常。所以巴菲特说过，见到好机会不要坐着吮手指，要积极采取行动。

不过投资也需要深思熟虑，如果思考得不够全面，匆匆忙忙地去买入卖出，又会草率犯错。所以巴菲特又说，要珍惜每一次出手投资的机会，投资出手之前想象自己有一张投资生涯卡片，每出手一次就要打一个洞，打满20个洞投资生涯就结束了。如果一辈子只能出手20次，那每一次出手之前肯定会想了又想。

所以，成熟投资者要在迅速行动和深思熟虑之间找到一个平衡点。最好是平时不断训练和积累投资判断经验，当机会来临时能快速做出尽量准确的判断。

（一）短久期信用债投资

买入半年内或者最多一年内到期年化收益率比较高（高于10%甚至15%）的短久期信用债，是我在2018年开始采用的一项投资策略。不过短久期且到期收益率高的债券，发行企业肯定不会是财务特别健康的，否则不会有高的收益率。因此，投资短久期高收益“垃圾债券”的关键是，判断这家企业在债券到期时是否还有足够的财务能力来兑付债券。因为上市企业的财务报表不一定都是完善的，而且财务不健康的企业往往现金不足以覆盖到期债务，需要判断企业能否借到钱，而能否借钱的关键又在于这家企业的商业模式和企业价值如何。落难企业是否有援兵来救？最怕一家企业自身没有足够的商业价值，也吸引不了其他公司来出手相救。

2018年下半年我开始投资短久期“垃圾债券”，直到2021年初，两年半时间陆续滚动买了十几只企业信用债，最后都有惊无险地如期兑付了，也收到了比较好的投资回报。2020年，我管理的一个利檀投资主要股东在香港的自有资金户，全部资金都用来投资中资企业高收益美元信用债，获得了接近100%的收益。不自觉地，我开始对自己判断困境企业事态发展的能力越来越自信。

2020年底，在上文提到的利檀投资股东香港自有资金户，持有神州租车债券。随着新的基金大股东入主公司，神州租车财务危机解除，债券价格恢复到接近100元面值，我们获利了结，现金回笼，又需要寻找新的目标。

2021年1月2日周末，我坐在书房里面，开始汇总、整理、研究近期关注的361度美元债资料。361度是总部在福建的运动用品企业，我在2011至2013年投资港股运动用品股票的时候就研究过，还曾经去过361度在福建晋江的总部工厂参观，对运动用品行业和361度这家公司曾经有过深入了解。虽然2013年以后，我已经没有再跟踪运动用品行业，但是对该行业商业模式的理解还留存心底。

361度在2019年11月宣布更换从上市前就一直合作了十多年的审计事务所，从四大审计事务所之一的毕马威更换成名气较小的大华马斯云。这个在股市基本可以称为“自杀行为”，因为当审计事务所觉得公司账务可疑的时候通常会辞任，或者当审计事务所拒绝配合上市公司财务的时候，上市公司会找借口换掉审计事务所，不管出于上述哪个原因，都不是好的兆头，资本市场会认为有舞弊嫌疑。

所以，当361度在年底这个敏感时刻公告更换使用多年的审计事务所时，市场马上做出反应，股票和债券价格应声大跌。股价宣布从之前的1.6港元一路下跌到2020年底的0.9港元。2021年6月到期的海外美元债券价格也在2019年底从面值100美元跌到了75美元。361度在债券价格大跌后低价从市场上回购了大约23%的债券，但是此举并没有让债券价格回升，在2020年底维持在88美元左右的位置。

361度在2009年就已经在港股上市，我们研究了过去十年361度的财务报表，发现现金流、利息收入和存款余额都符合逻辑。我也向金融圈里的朋友了解了福建当地最新对361度公司的看法，答复是目前361度没有特别的财务负面消息。我还注意到361度在2020年初还和NBA新星阿隆·戈登签订了新的代言合同。

汇总了以上的分析和线索后，我在2021年1月3日，一个周日晚上做出大举买入2021年6月到期的361度美元债券的决定，并通知交易员第二天1月4日一开市按照前一周的市场成交价大约89美元大笔买入。当晚提前发完交易指令后，我心想着这笔交易可以在半年内稳稳赚到票面差价11个百分点及半年利息大概3.6个百分点，共计14.6个百分点，年化收益能达到29.2%，超过我给自己设定的每年15%~20%的年化收益率目标，又是一笔成功的投资，想着心情就愉悦，开心地入睡了。谁知道一觉醒来，收到交易员开市后的报告，361度竟然一夜之间从前一天交易日收盘的89美元跳涨到了99美元。

我赶紧查看361度的公司新闻，一看原来在1月4日当天早上7点，361度公司发公告提出要约按照票面原值100元收购市面上剩下2.66亿美金的大约一半金额

1.35亿美金。这个举动说明361度已经完全准备好了兑付到期债券的现金，因为如果6月兑付有问题的话，361度不可能多此一举按照票面原值去发起要约收购。

到嘴的鸭子一夜之间飞了，我心里懊恼不已。其实我在2020年10月已经在瞄准361度债券，当12月初我们现在持有的神州租车债券市场价格恢复到98元时，持有到期差价收益只有2%，其实已经应该要行动了。可是我鬼使神差地犯了拖延症的老毛病，以为半年后债券才到期，还可以拖一拖，先忙年底公司的事。这次拖延症的老毛病让我少赚了一大笔钱。

对投资和财务分析感兴趣的读者，可以看本书接下来的361度债券分析，对财务深度分析没兴趣的读者可以跳过。

（二）361度债券分析

1.公司现金流分析

（单位：亿元人民币）

361度[1361.HK] - GSD.现金流量表	2006	2007	2008	2009	2010	2011	2012	2013	2014	2015	2016	2017	2018	2019	2020
报告类型	年报	年报	年报	年报	年报	年报	年报	年报	年报	年报	年报	年报	年报	年报	中报
净利润	0.11	0.23	1.79	6.32	9.17	11.96	7.07	2.11	3.98	5.18	4.03	4.57	3.04	4.32	3.02
加：折旧与摊销	0.03	0.03	0.05	0.11	0.25	0.54	0.79	0.68	0.67	0.67	1.10	1.21	1.24	0.96	
营运资本变动	-0.54	-0.84	-2.01	-1.70	1.86	-6.25	8.75	-0.88	4.25	-4.74	3.21	0.89	-3.03	0.79	
其他非现金调整	0.01	0.06	0.22	0.82	-0.02	-0.20	-0.02	1.32	0.21	1.36	2.98	1.66	1.70	0.23	-3.99
经营活动产生的现金流量净额	**-0.40**	**-0.53**	**0.05**	**5.55**	**11.25**	**6.05**	**16.59**	**3.23**	**9.11**	**2.45**	**11.32**	**8.32**	**2.95**	**6.30**	**-0.97**
投资活动：															
出售固定资产收到的现金			0.02	0.00		0.00	0.02	0.00	0.00	0.00	0.00	0.00	0.00	0.08	0.00
减：资本性支出	0.02	0.07	0.98	1.52	3.58	5.05	1.51	0.44	1.35	2.53	1.48	0.44	0.33	0.13	0.04
投资减少						8.01		2.67		3.00	0.11		36.06	**45.00**	
减：投资增加					9.36		3.79		14.78		10.37	10.69	**45.00**	**30.00**	
其他投资活动产生的现金流量净额	-0.03	-0.03	-0.26	-0.47	-0.05	0.75	0.50	1.29	-0.52	1.46	0.25	-0.65	1.05	1.84	1.74
投资活动产生的现金流量净额	**-0.05**	**-0.09**	**-1.21**	**-1.99**	**-12.99**	**3.71**	**-4.77**	**3.48**	**-16.65**	**1.93**	**-11.49**	**-11.77**	**-8.21**	**16.79**	**1.70**
筹资活动：															
债务增加	0.60	0.72	1.50	4.06	2.24	0.41	**11.64**		14.64		**26.58**		1.00	1.00	2.01
减：债务减少	0.27	0.55	0.60	2.88	4.91	0.27	3.78	0.26	9.45	0.01	15.51	0.62	0.01	4.23	3.63
股本增加	0.18	0.31		14.79	**2.01**	0.08									
减：股本减少						0.04									
支付的股利合计				0.77	2.23	3.33	2.89	2.27	1.03	1.65	3.16	1.47	1.94	1.70	0.28
其他筹资活动产生的现金流量净额	-0.01	0.26	1.13	-0.02	0.34	0.14	-0.32	-0.28	-0.29	-1.14	-1.86	-2.02	1.51	-0.50	-0.81
筹资活动产生的现金流量净额	**0.49**	**0.74**	**2.02**	**15.18**	**-2.55**	**-3.02**	**4.65**	**-2.82**	**3.87**	**-2.81**	**6.04**	**-4.11**	**0.55**	**-5.43**	**-2.71**
现金净流量：															
汇率变动影响								-0.02	0.03	-0.02	0.08	-0.09	0.06	0.05	-0.19
其他现金流量调整															
现金及现金等价物净增加额	0.04	0.12	0.85	**18.75**	-4.29	6.75	16.47	3.87	-3.64	1.56	**5.95**	-7.65	-4.65	17.71	-2.16
现金及现金等价物期初余额	0.07	0.12	0.24	1.09	19.84	15.55	4.60	21.07	24.94	21.30	22.86	28.82	21.16	16.51	34.22
现金及现金等价物期末余额	0.12	0.24	1.09	19.84	15.55	22.29	21.07	24.94	21.30	22.86	28.82	21.16	16.51	34.22	32.06

数据来源：Wind

从公司过去的现金流报表来看，公司一直都把银行的存款增加/减少在现金流报表以投资增加/减少显示，如果从2009年6月底公司的银行存款0.867亿元按照报表内的数目来计算，则2019年底的银行存款如下：

0.867+9.36−8.01+3.79−2.62+14.78−3−0.11+10.37+10.69−36.06+45−45+30=30.06亿元

由此可见 报表上的30亿元银行存款与过去10年的报表数是对得上的，如果造假的话，则需要由一开始便造假，或中间突然加上假的存款数字，但银行存款的金额也不会完全是零，因为这个数字是累积而不是突然增加的。其中存款量较多的三年分别为2014、2016和2017年，也是募集资金量较大的几年。

2.银行存款分析

（1）现金类别分布

截至2020年6月底，公司共持有约1.2亿元已抵押银行存款、30亿元银行存款和现金约32亿元，共计约66.5亿元。

	于二零二零年六月三十日 人民币千元	于二零一九年十二月三十一日 人民币千元
已抵押银行存款	**119,638**	230,675
银行存款		
一存放日起三个月以上到期	**3,000,000**	3,000,000
一存放日起三个月内到期	**3,538**	392,029
银行及手头现金	**3,202,467**	3,030,266
现金及银行存款	**6,325,643**	6,652,970

数据来源：361度公司财务报表

从财务报表可以看到30亿元为期限超过3个月的定存（金额和2019年一样），而另外一半则可分类为活期现金。公司也表示其中约63.2亿元存款都是存放在银行。

（2）利息收入

2019年公司共持有约2.3亿元已抵押银行存款、30亿元银行存款和现金约34.2亿元，共计约66.5亿元；而有息负债则有约1.1亿元短期银行贷款和24.2亿元的长期计息借贷。

公司申报2019年金融资产的利息收入共有约1.05亿元，而财务成本则为约2.17亿元。

现金资产年化息率=1.05/66.5=1.58%

有息负债年化息率=2.17/25.3=8.58%

中国银行定期利率.活期利率.人民币存款利率.人民币贷款利率

活期利率	**0.350%**
三个月	2.850%
半年	3.050%
一年	3.250%
二年	3.750%

数据来源：中国银行

参考中国银行的定期和活期利率，公司有一半定期和一半活期，以这个来计算的利率约为0.5×2.85%+0.5×0.35%=1.6%，和公司申报的1.58%十分接近。

但公司每年的财务成本利率远大于公司手持现金的利息，约为7%，从资金分配上来看效率较低，除非公司短期有资金的需求或采取极保守的资金分配策略。

（3）股息分配

判断公司的资金或经营真假其中一个是看公司过去的股息分配，没有持续的经营现金流或真实的手头现金是很难持续向股东派发股息，以下是2012至2019年公司的股息分派：

2012年是2.895亿元；

2013年是0.827亿元；

2014年是1.654亿元；

2015年是2.130亿元；

2016年是2.274亿元；

2017年是1.882亿元；

2018年是1.944亿元；

2019年是1.695亿元。

2012至2019年公司分派了约15.3亿元的股息，期间公司的自由现金流约52亿元。

期间股息/自由现金流=15.3/52=29.4%

股息占自由现金流接近30%，没有真实的现金流是不能每年持续派发股息的。

3.三家国内上市公司的财务比较

中国飞鹤（06186.HK）

(亿元)	2015年	2016年	2017年	2018年	2019年
收入	—	37.24	58.87	103.92	137.22
	—	—	58.1%	76.5%	32.0%
净利润	—	4.17	11.6	22.42	39.34
	—	—	178.2%	93.3%	75.5%
ROE	—	—	38.92%	47.85%	41.82%

南极电商（002127.SZ）

(亿元)	2015年	2016年	2017年	2018年	2019年
收入	3.89	5.21	9.86	33.53	39.07
	42.3%	33.9%	89.3%	240.1%	16.5%
净利润	1.72	3.01	5.34	8.87	12.06
	158.4%	75.0%	77.4%	66.1%	36.0%
ROE	22.33%	21.76%	23.46%	26.23%	28.06%

361度（01361.HK）

(亿元)	2015年	2016年	2017年	2018年	2019年
收入	44.59	50.23	51.58	51.87	56.32
	14.1%	12.6%	2.7%	0.6%	8.6%
净利润	5.18	4.03	4.57	3.04	4.32
	30.2%	-22.2%	13.4%	-33.5%	42.1%
ROE	10.10%	7.61%	8.30%	5.29%	7.15%

从三家公司在收入、净利润和ROE的比较上可以看出，中国飞鹤和南极电商过去几年无论在收入和净利润都有很高的增速，而ROE也很亮眼，而最近南极电商有负面新闻，股价跌幅超过50%。相反361度无论在收入、净利润增速都表现平平，而净利润2018年更是大幅下跌，ROE表现也很一般。由此可见，361度如果有财务造假，公司的财务理应有更高的增速和更亮眼的ROE。

4.公司2021年到期美元债现况

年报数据显示，公司在2016年6月3日发行了本金为4亿美元的境外5年期美元债，票息为7.25%。2019年和2020年上半年公司分别回购了美元票据初始金额的13.4%和9.64%，共23.04%，余下未行使的金额为3.077亿美元（初始金额的76.9%）。

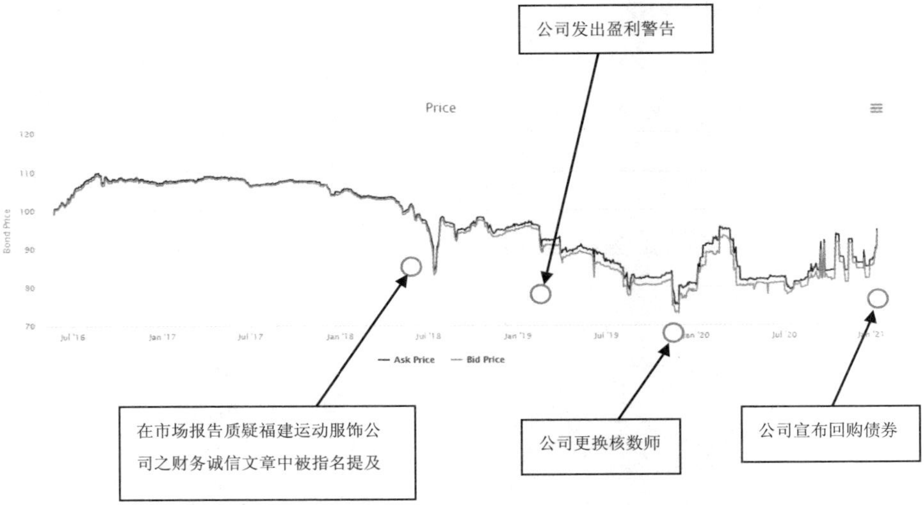

自2016年债券发行后，361度公司的债价出现过几次较大的跌幅，其中包括2018年6月公司被质疑福建运动服饰公司之财务诚信问题，2019年2月发出盈利警告，2019年11月公司更换核数师，债价一度跌至2019年底的近70美元，主要原因是公司一直被质疑有财务诚信问题，报表上持有大量现金并存在借款，加上多家知名公司出现财务造假和债券违约(如康德新事件)，令公司债券一直处于低位。直至2021年1月4日，公司宣布购回2021年债券的余额，债券价格立即升至100美元。

5.违约可能性和资产价值

目前公司一年内的短期负债约为23亿元，以公司手头63.2亿元的现金是绝对没有偿还难度，但公司的债价反映出市场的观点有不一样的看法，主要有以下几点：

（1）公司在2020年8月称面临境内资金向境外转移的限制，即用境内的资金来还海外债券有一定难度；

（2）公司的评级在2020年10月被惠誉从“B+”下调至“B”；

（3）市场也有认为公司的60多亿元资金有造假的可能性。

假设论点（2）是正确的，即公司在到期时不能将境内的资金转到境外还债，会间接造成债券违约，但在这种情况下，债价大幅下跌，公司可以通过境外融资来回购市场的这张债券，融资的成本大大降低，所以在这种情况下，债券的价格也不一定会大幅下跌。

假设论点（3）是正确的，即公司手上根本没有钱，公司要在短期内筹到23亿元去还债。2020年上半年的财报显示，公司有9.2亿元的物业厂房和8.8亿元的存货(其中7.4亿元是制成品)，考虑流动性的问题，清算价值约为9.2×0.3+8.8×0.4=6.3（亿元）。即仍约有17亿元的资金缺口，而公司的市值现价约22.3亿元，被其他大公司品牌收购的机会非常大，毕竟10多亿元对安踏（02020.HK）和李宁（02331.HK）这种千亿元级别市值的公司来说还是付得起的。

6.总结

经过对公司财务报表的分析和过去事件的判断，得出以下结论：

（1）从公司过去的现金流量表看，手头的定期存款是从2009年每年以投资活动存入银行的，和手上30亿元的定期存款是对得上的，所以某一年突然造假的可能性就会大大降低。公司的管理层也没有个人财务问题，不存在挪用公款的动机。

（2）公司手头上持有30亿元银行定期存款和34.2亿元活期存款，参考中国银行的定期和活期利率，计算出这笔钱实际每年的利息大约1.6%，和公司2019年申报的1.58%利息收入相符。

（3）公司在2012至2019年的8年期间，每年都稳定地进行股息分派，共派了约15.3亿元的股息，占自由现金流接近30%，没有真实的现金流是不能每年持续派发股息，进一步确定公司手头上现金的真实性。

（4）公司债券价格一直处于低位都是因为市场的质疑，但没有真实证据证明公司财务造假，公司过去也一直以行动去应对，包括在2019年和2020年上半年公司分别回购了美元票据初始金额的13.4%和9.64%，共23.04%，在2021年初也宣布回购余下50%的金额，反映公司有一定的现金去还债。

（5）假设最坏情况公司不能及时还债，公司一年内的短期负债为23亿元，公司有9.2亿元的物业厂房和8.8亿元的存货（其中7.4亿元是制成品），考虑流动性折让，清算价值约6.3亿元。即还约有17亿元的资金缺口，而公司的市值现价也只是22.3亿元，很大可能会被其他千亿级别市值的运动品牌收购，更大机会被私有化。

二、重大失败——华夏幸福债券

投资是一个追求获胜概率的游戏，这个游戏不可能做到百战百胜，只要能做到胜多负少，赚钱的概率高过亏钱的概率，就已经很不容易了。

巴菲特说过，投资就像打棒球的进攻击球，提高胜率的最关键因素是耐心地等待对方投过来的球处在容易击打的安全区，如果过来的球难打，那就宁愿放过去不出手。

但是，即使过来的球在容易击打的安全区甚至是甜蜜区，再好的击球手也不可能每击必中，只不过是打中的概率提高了而已。

（一）华夏幸福债券投资历程

巴菲特在自己每年给股东的信里都会说一下自己当年犯的错误，比如2020年致股东信，巴菲特就承认自己重仓买入航空业股票就是一个大错误，原来对航空业的估值太乐观了。

我从事投资十多年来，当然也犯过很多很多次的错误。最近的一次重大犯错发生在2021年1月，不是买入股票，而是以错误的价格买入了一只债券：华夏幸福信用债。

我还清楚记得，2021年初在家里决定大手买入华夏幸福债券时的心路历程。

2021年1月初，因为行动迟缓，我错失了在低位买入361度美元债券的大好机会，心中懊恼不已。我化悔恨为力量，在市场上更加积极地寻找被错杀的信用债投资机会。

恰好此时，突然传出资金链吃紧负面新闻的华夏幸福进入了我的视野。

华夏幸福的主业是在城市郊区开发产业新城，接受政府外包，给政府垫资做新产业园的基建和招商，同时低价获得周边土地开发住宅楼，在新产业园旁边盖住宅楼来出售。说白了，华夏幸福的商业模式就是配合政府规划，在待开发的郊区土地上盖产业园和旁边的住宅区，形成新的卫星城。这种从一无所有到平地起高楼的造城模式，需要投入大量资金，还要花很长的时间来修路、盖厂房、招商，等待企业来入驻产业园，然后花很长的时间盖房子、做营销，等待有人来买旁边的住宅楼。这是一种比普通地产开发回报时间更长、资本投入更重的长周期商业模式。

华夏幸福重金投入的现金回款，一是需要等产业园招商成功引来企业落地形成产出，产生税收后，政府按照协议逐步回款给华夏幸福；二是需要把建好的商品房卖出去收到钱，回款周期很长。这种重投入、慢回报的商业模式，已经使得华夏幸福在2018年出现财务危机，危机在获得了中国平安入股并成为持股25%的第二大股东后才得到缓解。

中国平安入股后，虽然靠着平安这棵大树的背书，华夏幸福顺利融到很多钱，不过平安入股后成立的华夏幸福南方总部投资的一二线城市商业中心项目，同样采用的是需要长周期回报的商业模式。可能是由于公司南北总部缺乏有效沟通，同时开发了过多消耗大量资本的商业项目，短期现金回笼出现问题，华夏幸福在2020年底再度爆出资金链紧张的债务危机。

也许是刚刚失去一个好投资机会的懊恼让我有点儿心急，在分析了华夏幸福的财务报表，并打电话给金融圈里的朋友咨询后，我迅速做出了买入大幅下跌的华夏幸福债券的决定。

当时我很简单地认为：平安已经持有25%的华夏股权，同时又借给了华夏大概700亿元，占到华夏总有息负债的1/3左右，已经陷入太深，没理由不继续支持华夏；欠华夏的应收账款，最后总会兑付的；有华夏的金融机构的朋友说，华夏会优先支付马上在2021年2月份到期的美元债券。

基于上述逻辑，我在2021年1月中旬把海外专户的全部资金用来买入即将在2月份到期的华夏美元债，成本80美元左右。

这次出手后的感觉和以往买入高收益高风险债券后的感觉有点儿不太一样，

内心总有一种隐隐的不踏实感。随着1月下旬华夏的负面消息进一步发酵，我越来越觉得这次可能要踩雷了。1月底的某个晚上，辗转难眠，好不容易睡着了，半夜突然醒来，脑海里想着的还是华夏幸福债券可能2月份兑付不了了，踩雷后应该如何处理的问题。

到了2月中旬，综合所有的线索，我已经意识到买入的2月28日到期的华夏美元债券应该不会如期兑付了。还好我们主要是使用的自有资金买入华夏美元债券，基金产品户买入的比例很小。而华夏违约后的预后我还是偏乐观的，因为在各方的努力下，基本上控制住了局势，预计不会出现因债权人追债而导致企业大规模停工，无法产生后续现金流，形成死局，最终导致债券持有人血本无归的情况。我们也做了财务分析，假设最终华夏破产清算，按照我们的清算估值模型（详见后文），华夏大致也可以覆盖全部欠债的90%以上。

复盘这次投资，如果当时行动再谨慎一点，不是急急忙忙一下子买入，结果会好得多。从买入到市场出现违约价其实也就隔了20天左右，如果把握好节奏，分阶段逐步买入，其实是可以进一步降低买入成本的。后来我管理的国内基金在华夏幸福国内人民币债券彻底违约，价格跌到20~30元时再进一步加码，确实效果更好。专户买入时受到了刚错失361度投资机会的影响，心态有点儿急了。

总结这次投资华夏债券的经验，有以下教训：

（1）不能把命运交在别人手里，但是，当投入大到一定程度，为什么不可以停手呢？平安这次选择了停手止损，其实也是合理的商业决定。

（2）商业模式比把命运押注给别人更重要，当一家面临困境的企业需要救助时，最关键的是判断其商业模式将来是否还有足够的商业价值。如果具备未来现金流可以变好的商业模式，自身还有价值，才可能吸引来援手，从而走出困境。

（3）如果对一项投资感觉很不踏实，甚至影响了睡眠，一定会有不好的状况发生。

下面是在2021年初投资华夏幸福债券时，我们假设公司如果破产清算，大概可以变现的偿债能力测算，有兴趣而且具备一定财报理解能力的读者朋友可以阅读。

（二）华夏幸福资产清算价值

1.公司资产端

（1）货币资金

货币资金变现率：

变现假设	变现率（%）	对应情境
乐观	80	非受限货币资金来源真实可靠，余额占比不大，但仍有时点数冲量因素
中性	70	子公司较多，且关联交易较多，贸易类业务较多，母公司货币资金能动用得不多
悲观	50	呈现明显的大存大贷，利息收入与货币资金不匹配的情况

2021年1月底货币资金净值=236亿元

乐观情况下货币资金清算价值=236×80%=189亿元

（2）应收票据和应收账款

应收票据和应收账款：

科目	类型	乐观（%）	中性（%）	悲观（%）
应收票据		100	100	100
应收账款	普通经营性业务产生的应收账款	70	60	50
	附有金融属性的应收账款	60	50	40
	关联交易产生的应收账款	50	40	30

2020年9月底应收票据净值=53.3亿元；

2020年9月底应收账款净值=547.7亿元；

乐观情况下应收票据清算价值=53.3×100%=53.3亿元；

乐观情况下应收账款清算价值=547.7×70%=383.4亿元

（3）预付账款

预付账款变现率：

变现假设	变现率(%)	对应情境
乐观	90	预付账款金额较小，公司流动性出现问题并非由于供货单位占款
中性	80	公司被供货单位占款挤占了一部分流动性
悲观	50	预付账款金额较大，关联交易产生的占款挤占了流动性

2020年9月底预付账款净值=31.8亿元；

乐观情况下预付账款清算价值=31.8×90%=28.6亿元

（4）其他应收款

其他应收账款变现率（%）：

变现假设	变现率	对应情境
乐观	40	其他应收款可靠性较高，交易对手方非关联企业
中性	30	其他应收款存在失真的可能性，涉及部分关联交易
悲观	20	其他应收款以关联交易为主，账面数据不真实可靠

2020年9月底其他应收款净值=202亿元；

乐观情况下其他应收款清算价值=202×40%=80.8亿元

（5）存货

房地产企业存货变现率（%）：

变现假设	变现率	变现情境
乐观	110	在建项目所处区位较好，拿地成本较低，近期房地产价格上行较多
中性	90	在建项目所处区位较好，区域房地产市场乐观，主体建筑基本完工
悲观	80	在建工程所处区位较差，区域房地产市场低迷

2020年9月底存货净值=1861亿元；

悲观情况下存货清算价值=1861×80%=1488.8亿元

（6）长期股权投资

长期股权投资变现率（%）：

项目	乐观	中性	悲观
关联交易取得的子公司	50	40	30
非关联交易取得，有公开披露信息的子公司	70	60	50
非关联交易取得，无公开披露信息的子公司	60	50	40

2020年9月底长期股权投资净值=58.7亿元；

中性情况下长期股权投资清算价值=58.7×50%=29.4亿元

（7）投资性房地产

投资性房地产变现率（%）：

项目	乐观	中性	悲观
成本模式计量	80	70	60
公允价值计量	70	60	50

2020年9月底投资性房地产净值=82.4亿元；

中性情况下投资性房地产清算价值=82.4×60%=49.4亿元

（8）固定资产

固定资产变现率（%）

项目		乐观	中性	悲观
房屋、建筑等固定资产		100	90	80
设备类固定资产	传统行业	60	50	40
	非传统行业	50	40	30

2020年9月底固定资产净值=75.5亿元（主要为房屋建筑物）

中性情况下固定资产清算价值=75.5×90%=68亿元

（9）在建工程

在建工程变现率（%）：

变现假设	变现率	变现情境
乐观	70	在建工程数额与同行业相比合理，与企业生产经营规模和发展规划相匹配，且近年未出现较大波动

续表

变现假设	变现率	变现情境
中性	60	公司账面长期存在大额的在建工程，或与行业均值偏差较大，项目价值难以判断
悲观	40	公司账面长期存在大额的在建工程，与行业均值明显不符，难以可靠计量在建项目价值等

2020年9月底在建工程净值=73.5亿元（主要为房屋建筑物）

悲观情况下在建工程清算价值=75.5×40%=30.2亿元

公司总清算价值=189+383.4+28.6+80.8+1 488.8+29.4+49.4+68+30.2=2 347.6亿元

2.公司需要偿付的债务

（1）短期借款是342.6亿元

（2）应付票据是108.6亿元

（3）预收款项是1.5亿元

（4）应付职工薪酬是4.2亿元

（5）应交税费是94.3亿元

（6）其他应付款是162亿元

（7）一年内到期的非流动负债是597.6亿元

（8）长期借款是652亿元

（9）应付债券是525.5亿元

（10）长期应付款是7.3亿元

公司需要偿付的债务是2 495.6亿元

华夏幸福净清算价值是2 347.6−2 495.6=−148亿元

结论：按照截至2021年1月底华夏幸福公司财报账面计算，如果破产清算，债券兑付折扣应该在八折以上。

三、赚钱的失误——苏宁易购

苏宁是中国最大的电器连锁零售类龙头品牌，从1999年开始，“苏宁电器”就开始了长达10年的电子商务研究。2009年，苏宁云商网上商城成了当时中国B2C市场比较大的网购平台，并正式更名为“苏宁易购”。

我从2011年开始重点关注这只零售电器龙头股，苏宁的股价从2010年的高点21元钱出现后，2011年逐步地跌到了10元钱以下，我开始建仓这只股票。建仓过程中有这么一个背景，在2012年苏宁有一次定增，该定增是大股东张近东和联想集团控股旗下专注股权投资的弘毅投资一起参与的，弘毅投资以12.15元/股的价格斥资12亿元参与苏宁的定向增发，锁定期三年。2011年6月签订增发定价协议的时候，苏宁的股价还比较高，可是当证监会审批通过，在2012年7月实施这个定向增发的时候，苏宁的股价已经跌到了8.5元。但最终大股东张近东和弘毅投资还是选择遵守协议，以12.15元/股实施了这个定向增发，等于是比市场价格溢价43%来买入苏宁的股票。

定增这件事表现出了合作双方的诚信，这是一种难得的品德，而且弘毅投资作为联想旗下的股权投资公司，他们以前都有过很多成功的投资案例，是个出色的PE股权投资公司。弘毅投资经过了详细的调研，最终认可苏宁这家公司，甚至愿意高于市场价去实施定增，充分说明了他们对苏宁的信心。

2012年8月“财新网”对弘毅投资总裁、联想控股高级副总裁赵令欢进行采访，他对苏宁的看法是很正面的，在向联想的老板柳传志（企业家）介绍了苏宁的情况以后，柳传志对他这个投资决策也是非常支持。

我认可弘毅的投资理念，也认可苏宁，认定它是一家很有前途的公司，当它股价跌到十元钱以下的时候，我在2011年至2012年间逐步加大买入。

建仓后它并没有马上上涨，而是继续一路下探，我跟随着市价一直分批买入，一直到了2013年初跌到了5元/股~6元/股的时候我们也一路加仓，并耐心持有。

当时我买入这只股票的逻辑如下：

第一，它已经做到了电器连锁店零售商的龙头，业绩水平远远抛离了它的竞争对手、第二名的国美电器。有非常宏大的远期目标，要做中国的“亚马逊+沃尔玛”，走一条线上线下融合的道路。这在当时而言是一个很创新的思路，并且它也的确在发展电商这块下了很大的功夫，注入了很多的资金去建立苏宁易购的线上电商平台，然后加大投入做物流、做仓储。这是行业扩张的地基，而且又得到了联想旗下的弘毅投资的注资，与此同时，线上最大竞争对手京东当时还是在发展的早期阶段，销售额比起苏宁要差很多。

在那个时候，国内像这种自营型的电商尚处于起步阶段，在还没有出现一个龙头的情况下，我们认为，苏宁易购大概率是有机会能成为未来的自营型电商平台赢家之一，和阿里巴巴这样的非自营型的平台共存，我们对苏宁很有信心，很看好。

第二，苏宁公司历来的财务表现一直都很不错，包括对待中小股东公平公正的态度，都是经得起考验的，从高价参与定增这件事情就可以体现出来。这样一家有良好历史业绩和优秀管理层，得到大型投资机构背书的且又下定决心要去走线上电商这个新发展方向的公司，我评估下来认为还是很有前途的。

我不断买入之后坚定持有，到了2013年它创了历史底部4.56元之后开始一改颓态往上走，从年中低位到高峰涨幅114%，2013年全年收涨35%。我的持仓也开始出现盈利，后面接近50%。回首2013年，当时A股属于熊市阶段，整个上证指数年度跌幅7%，在很多个股跌幅巨大和投资人普遍亏损的情况下，我靠着重仓苏宁取得了整个组合年化收益超过30%的业绩。当时我们是自有资金投资，还没有成立利檀投资公司，正是通过这一次投资苏宁的漂亮获利，树立并增强了我们把公司的股票投资部门独立成私募投资基金公司的想法，这次投资苏宁股票的成功对于利檀投资的创立是具有重要意义的。

2012年到2013年，我投资苏宁易购赚了第一波收益，坚定了创立利檀投资的信心。但是将时间线拉长，到了2020年往回看，我对苏宁易购当初的判断实际上并不准确。

所以，这个投资故事并非一个美丽的童话故事，并不是我看得非常准，然后投资成功的完美结局，而是最终证明了我当初的判断是不准的。

我在2013年赚了第一波苏宁易购的收益以后，也认为要观察苏宁易购一段时间，看看它的转型之路能否成功，毕竟任何转型都是有潜在风险的。

在2014年成立了利檀投资公司之后，我们开始尝试发行利檀1期和2期的私募产品。在利檀1期产品运营的时候，也就是2014年上半年的时间里，苏宁易购又从10元钱以上逐步跌到6元钱左右，我们在那时开始第二次买入苏宁易购，评估的结果始终认为相对它的潜力而言，市值还是被低估了的。

这次我们分批买入后便一直持有，到了2015年下半年，苏宁的股价随之下跌，下跌到八月份的时候，2015年8月10日，阿里巴巴宣布入股苏宁，阿里旗下的淘宝（中国）软件有限公司以15.23元/股折合约283亿元参与苏宁云商的非公开发行，占发行后总股本的19.99%，成为苏宁的第二大股东。

在这个消息的提振下，苏宁易购涨到了接近20元/股，在这个过程中，我们将第二次的苏宁投资卖出，获利了结，赚取了第二波收益。

我们第三次买入苏宁，是两年后的2017年。虽然苏宁随着联想和阿里巴巴先后加入，从2012、2013年开始进行了五年从线下向线上的转型，但是苏宁跟竞争对手京东的差距却一直在扩大。到了2017年，京东的营收已经是苏宁的一倍，市值更是超过了不止一倍，而苏宁的股价始终在十元钱左右徘徊。但是我们观察发现了一些希望的苗头，苏宁的线上转型开始有一些成效，它线上的增速开始接近京东，甚至在2018年上半年的时段里还超过了京东。所以当时我们认为苏宁的转型是可以预期的，苏宁又具有投资的价值了，我们便开始第三次建仓买入苏宁，买入价格在10~12元。

在2017、2018年，客观上来讲，苏宁的线上转型确实初步取得成效，增速也达到了效果，2017年营收同比增长26%，2018年营收同比增长达到30%，已经达到了跟竞争对手京东差不多的增长速度；同时在2017年扣非后归属公司股东的净利润和2016年基本上持平了，换言之，基本上不用“烧钱”了，相比2015、2016年每年亏损十几亿元来说，是转好的迹象。

当时我们从苏宁的转型中看到了曙光，所以再次买入，这一次第三轮的建仓成本大概11元钱。不过到了2019年，苏宁线上的增长势头放缓，增长速度下降了，背后的原因是苏宁又重新在线下发力，比如大量成立苏宁小店等。截至2019年12月31日，公司拥有各类自营店面3 630家，苏宁易购零售云加盟店4 586家。

苏宁还做了很多的并购，比如并购了万达百货及家乐福中国，并购了PPTV，当然也并购了母婴垂直类电商网站红孩子，同时还涉及足球。整体而言，并不是完全聚焦在线上电商。在2017至2018年苏宁的线上业务有了起色之后，管理层又开始把焦点转移回到线下，估计是想凭借自己传统的线下开店优势实现“弯道超车”，超过线上霸主京东。

回过头来看，在主营业务刚刚有点儿起色以后，苏宁把精力分散到了很多其他的方面，虽然目的都是做零售，可是这种遍地开花的战术，实际上导致它分散了焦点，营收增速在2019年开始大幅下降。同时开枝散叶的苏宁小店系列，也陷入了亏损的泥潭，苏宁跟竞争对手京东的差距又被拉开了。

特别是电商还有一个后起之秀拼多多，2015年产品才上线，2018年在美股上市，短短的几年时间GMV营收飞速增长，市值随之也大幅超越了苏宁。在这种综合情况下，我们判断，苏宁的转型已经进入一个很艰难的状态，在一二线城市拼服务体验追不上京东，在三四线城市拼价格又打不过拼多多。所以我们第三次买入苏宁，在没有获利太多的12~13元的时候，果断清仓了。

事实证明我们这次清仓依旧是正确的，因为到了2020年，随着苏宁的业绩进一步下滑，苏宁的股价也从12~13元钱进一步下跌到2021年初的7元多，甚至在2020年下半年和2021年初，苏宁还产生了资金链断裂的风险，它发行的债券价格也大幅下跌，苏宁在这个过程中，还不得以把一些股份质押给了阿里巴巴等公司。由此可见，当一个企业发生财务危机的时候，它的股价和债券会被双杀。从2020年下半年开始，苏宁易购的股票和债券，便出现了被双杀的局面。

在苏宁陷入公司发展历史上最困难的时期，2021年2月底3月初，深圳国资预斥资148亿元开始收购苏宁易购的公司股份，预计比例为20%~25%。在我个人投资生涯中，和苏宁有多次交集，对苏宁有很深的感情，也衷心希望苏宁能跨过难关，有朝一日再创辉煌。

总结我们2012年到2019年期间三波投资苏宁股票的经验，有如下教训：

（1）千万不能低估企业转型的难度。哪怕原来再成功，哪怕转型并非偏离很多，例如苏宁，还是一样做零售，只是从线下变成线上线下融合，转型的难度还是超出绝大多数人的认知。所以投资转型企业，一定要紧密跟踪企业每个季度的经营数据和行业的发展状况，保持观察，了解企业转型之路是否顺畅，是否遇到不可逆转的困难。当转型道路走得不顺的时候，即使是在传统模式下比较成功，但是股价依然随着公司发展势头衰减而大跌，在2021年1月初苏宁股价从2015年阿里巴巴入股时的高位22元（前复权）几乎腰斩再腰斩，跌到6元多。

（2）买股票要多听听身边人的声音。在2014至2015年第二次和2018至2019

年第三次买入苏宁股票期间，利檀投资已经成立，公司同事也会关心基金经理买入股票的情况。在我持有苏宁股票时，我时常会问问同事使用苏宁易购线上购物的体验，结果同事们异口同声地说平时用京东，这确实让我在持有苏宁时更加谨慎，而事实证明，无论业绩还是股价，苏宁也确实大幅输给了京东，倾听身边人的声音对提高基金经理的业绩是很有帮助的。

第四章

稳盈投资方法论

一、稳盈组合

二级市场投资是否要集中，就和投资是否要择时一样，是投资界一个永恒的话题。

首先我们要定义什么是集中。

按照风险偏好从高到低，或者说进攻性从强到弱，二级市场大类品种可以分为：股票（包括指数基金）、债券、黄金ETF和货币基金四大类。

如果一个投资组合集中全仓股票或者指数基金（等于是股票），可以说是太偏重进攻性。一个均衡的组合除了有进攻性的股票和指数基金，应该还要包含具备防守性的债券、黄金和货币基金（相当于现金）。

相反，如果一个投资组合集中全仓债券、黄金和货币基金，可以说是太偏重防守，太过保守也不够均衡。

投资界有一个经典的投资组合策略：60/40，源自20世纪50年代美国诺贝尔经济学奖得主马柯维茨发表的现代投资组合理论，意指一个投资组合保持60%的股票和40%的债券是最均衡的，可以在波动最小化的情况下取得最高的收益。

60/40策略非常成功，在投资界很受欢迎，几十年实践下来效果也不错，美国投资界经典的做法是60%配置标普500指数，40%配置美国国债或者高等级优质债券。

但是从2010年开始至今的十余年，60/40策略在发达国家遇到了挑战，收益水平明显比历史水平下降了。原因是2008年金融危机以来，发达国家采取了多年的超低利率货币政策，国债的收益率大幅下降，在2010年后美国十年期国债收益率长期保持在3%以下，进入2020年以后，更是进一步下降到可怜的1%以下，而20世纪90年代，美国十年期国债收益率长期在7%左右的水平。

新的理论建议，保持60/40的比例，60%的股票不变，40%的国债换成高收益率的“垃圾”债券。

持仓的股票部分需要集中吗?

有些所谓的“高手”通常持有1~2只股票，大涨的时候拿出来晒收益，跌了就保持低调。这种极端集中的股票组合波动是很大的，运气好了大赚，运气不好时大幅下跌。

巴菲特提倡长线集中，巴菲特自己的投资组合常年来重仓股保持在5~10只。巴菲特的老师之一费雪也是把自己的股票组合控制在10只以内，其中75%的钱长线集中在最有把握的3~4只。这种高集中度、长期持有的股票组合需要具备对所投资的企业和行业高度的洞察力，以及有把握判断企业和行业未来数年发展变迁的远见力，同时，投资的钱需要是可以常年不动的资金。如果判断够准，资金可以忍受短期的波动，长线（起码三年以上）集中持有是最有效率的投资方式，只要对企业基本面判断得准，长期股价走势一定会有相应表现。

常人如果不具备很好的远见，或者资金没有确定的长期性，适当的分散投资更为合适。另外一位是彼得·林奇，他以持有股票数量多而闻名，作为股票多头基金，而非指数基金，彼得·林奇最多的时候股票组合持有1 400多只股票。凭借着分散组合，彼得·林奇管理的基金也多年跑赢市场，在担任富达公司旗下麦哲伦基金经理的1977至1990年的十三年期间，年均复合收益高达29%，是当时美国最成功的基金经理。不过，同时要研究如此众多的上市公司，需要极大的工作量。彼得·林奇每天6：05乘车去办公室，19：15才收工回家，路上还不停阅读。每月走访40~50家公司，一年走访500~600家公司，彼得·林奇被誉为“最勤奋的基金经理”。也许是长时间超高强度的基金经理生活太过消耗人的精力，彼得·林奇早早地在46岁功成名就就退休了，理由是要回归家庭生活。

建议常人投资股票还是要走适当分散投资的路子，毕竟勤奋是可以学习的，洞察力和远见很大程度上还是天生的。

彼得·林奇退休后写的畅销书《战胜华尔街》中有一章讲了25条股票投资黄金法则，其中写道：“一个业余投资人，即使利用所有能利用的业余时间，最多也只能研究跟踪8~12只股票，而且只有在条件允许的情况下才能找到机会进行买入卖出操作。因此，我建议业余投资者在任何时候都不要同时持有5只以上的股票。”

在正常的大盘周期，不是牛市高点或者熊市低点，作为一家私募基金经理，我心目中攻守兼备的完美组合如下。

（1）50%~70%的长线持有股票，8~10个行业，15~20只股票。整个股票组合按照100%的比例，持有的行业板块估值在历史均值以上区间的强势股占30%~40%，行业板块估值在历史均值以下区间的弱势股占60%~70%。估值高的强势板块短期内往往涨得更高，但是下跌的空间大；估值低的板块安全边际大，下跌空间不大，虽然不知道何时会涨起来，但是一旦上涨，往上的空间够大。

（2）30%~50%的债券+黄金ETF+货币基金+短期事件套利股票。组合里面的细分比例，需要根据几个品类的预期收益率来分配。在2020年底的时间点，整个组合按照100%的比例，我会分配50%到一年内到期的短久期债券、30%黄金ETF和20%短期事件套利股票，短期事件套利股票本书专门有一章进行说明，这里不再赘述。

当然，如果判断大盘在牛市高位，会减少长线股票比例；在熊市低位，则会增加长线股票比例。

二、宏观择时

2018年6月，我开始根据自己投资股市和管理基金的多年经验总结出利檀投资2.0版投资策略。策略的出发点是判断目前宏观经济周期和债务周期大概处在什么位置，以及股市处在牛熊周期的大概位置，然后根据周期位置来决定投资组合里进攻和防守板块的仓位分配。当然这种位置的判断不可能精确，只能是一个大概。

进攻板块主要指的是股票。其中又分为进攻性最强的热门高估值板块股票，是指整体板块估值在历史平均市盈率高分位的行业公司的股票；还有进攻性较弱的冷门低估值板块股票，是指整体板块估值在历史平均市盈率底部的股票。

进攻性的强弱和行业板块的历史纵向估值位置成正比，行业板块估值越高，进攻性越强。整体估值高的行业股票受关注度高，属于热门股，股价短期容易越涨越高，不断突破新高，赚钱效应很强。缺点是如果行业业绩不及预期，整体跌下来会面临业绩和估值双杀，下跌空间大。

如上图所示，2019年开始，A股医药板块估值持续强势上涨，2019年全年市场上78只医药主题基金平均净值增长率高达51.6%；2020年上半年医药板块继续强势，仅仅半年医药主题基金平均收益率就超过45%，2020年上半年股票型基金收益排在前十名全部由医药主题基金霸占。与此相应的是，医药板块整体估值上升到75倍PE，达到十年高位，纵向比远超上次高位2015年牛市的50倍PE，横向比和全部A股PE对照也从2015年曾经医药板块PE最高超出全A股PE一倍（50：25）达到2020年超出两倍（75：25）。2019年至2020年的医药板块就是典型的进攻型板块。

防守板块指的是债券、黄金指数、货币基金及短期持有的事件式套利股票。防守的标的通常在经济和股市下行期间价格下跌不多，甚至还有可能升值。

债券价格通常稳定，不受股市大盘影响，特别是即将到期的短久期债券，只要公司不出现资金链断裂违约，到期就会按照面值（通常是100元）足额兑付，持有期间还会按天计算债券利息定期支付。

黄金是对冲经济萧条、社会动荡和通货膨胀的资产，在经济衰退股市大跌的时候黄金价格反而会上涨。

货币基金有不高但稳定的利息收入，货币基金净值通常稳定。

短期事件式套利股票，如果短期事件按照预想的实现，股票价格就会实现预想的上涨，通常不会受到大盘的影响。

利檀2.0版策略把周期分为四个象限。

（1）宏观经济周期处于繁荣的高位，通常也是债务周期的尾端高点，或者股市处在牛市的高点，需要最大化降低进攻仓位，最大幅加大防守仓位。比如2007年，美国经济处在上一轮繁荣周期的顶点，整体社会负债率达到高位，同时美股也达到历史高位，在这个三重高位的时间点，投资组合如果大幅降低股票仓位，提高防守仓位，可以避开2008年的金融海啸。如下图所示，如果在2007年初按照600元买入黄金，五年后的2012年初涨到1 560元，收益约为160%；而2007年初美股标普500指数是1400点，五年后的2012年初是1300点，负收益约7%。

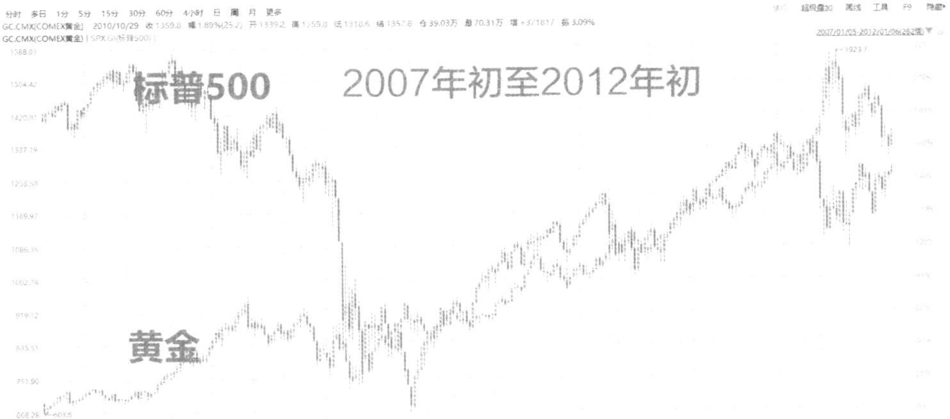

（2）如经济周期和债务周期不在明显高位，但是股市明显走高，和经济走势

大幅背离，需要降低风险偏好，减少进攻板块仓位。比如，2014年10月至2015年6月9个月的时间，A股沪深300从2450点涨了一倍多，最高达到5380点。当时在高峰期，A股的场内证券公司融资规模达到2.3万亿元，场外配资规模还有1.8万亿元，场内场外杠杆资金合计大约4.1万亿元，占到A股同期流通市值的大约8%。可以对比一下，2020年8月31日，当沪深300指数5年后再次达到4900点，接近2015年6月高位时，当天场内融资余额只有1.3万亿元，场外配资基本为零，场内场外杠杆资金合计只是2015年6月时的大约30%。正是由于股市过高的杠杆无法继续，A股在2015年6月达到这一轮牛市顶点后迅速下坠。

在2015年5月，我管理的基金产品（简称“利檀2期”）在接近5000点高位的时候，做了40%的现金分红并降低仓位，最终成功避过了股市下跌。

（3）经济和债务周期在高位，股市在低位，这种情况出现概率不高，即使出现，持续时间也不会长。在这种情况下，进攻和防守仓位可以保持适中。因为经济从低位向上走到高位需要数年时间，按照历史经验通常大约十年周期。这一期间股市一般都会随之走高。债务在经济周期从低到高的发展过程中，积累也会越来越高，通常债务周期和经济周期是同步的。债务从低到高的加杠杆周期，对经济发展和股市上升是最有利的顺周期，反之当经济处于去杠杆的时期，经济和股市都是痛苦的。

（4）经济和债务周期在低位，股市也在低位，可以最大化配置进攻仓位，防守仓位调到最低。通常经济和债务经过经济衰退调整跌到最低谷，股市也会随之跌到底部，这个时候可以把风险偏好调到最高。比如1998年亚洲金融风暴，港股大跌；2008年美国金融海啸，全球股市大跌，这种经济和股市双叠加的底部，就是“遍地黄金”的抄底机会，不过可以做到“别人恐惧我贪婪”的前提是当危机发生时你还有现金。经济危机的本质是债务危机，当资产价格从涨了多年的高位大幅下跌，在顺周期时不断累积的债务杠杆就会崩塌，市场上出现大量被强迫平仓的“筹码”。危机发展的顶峰是流动性危机，当被强迫卖出的资产越来越多地涌现的时候，资产价格会螺旋式反复下跌。

三、长期股票投资

稳盈投资组合策略是根据对宏观经济和股市大盘的周期位置判断来调整组合持仓比例，在经济和股市的上行周期逐步加大长期持股比例，在下行周期逐步加大短期套利股票、债券和黄金等较安全资产比例。

长期持股投资是利檀稳盈投资策略重要的一部分，当我们对经济未来三年的展望偏乐观，或者认为大盘估值偏低的时候，我们就会择机加大长期持股的比例。

1.利檀长期持股策略的买入时机

（1）对行业和公司未来3~5年的盈利和销售成长前景做出预测，在此基础上根据所处利率环境给公司估值，当好公司市值大大低于其内在价值时买入，这是价值投资的标准做法，也是我们买入时机遵循的第一条原则。不过，对未来盈利和市场做预测及给公司估值可能不准，如果买得太早，需要承担股价进一步下跌的风险。

（2）根据周期位置，在行业板块估值低谷、好公司业绩低谷和大盘低谷时买入。以上三重低谷叠加时是最佳买点，必须坚决重仓买入；两重低谷叠加是次佳买点，可以大胆买入；一重低谷时可以分批逐步买入。

2.利檀长期持股策略的卖出时机

（1）当行业前景发生逆转时，或者公司竞争力受到不可逆持续侵蚀，未来3~5年盈利和销售成长预测灰暗；行业不再是一个好行业，或者公司不再是一家好公司时。

（2）当好公司市值大大高于其内在价值时，市场偏好导致的估值泡沫可能会使一家好公司市值大大超过其内在价值，这时即使还是好公司也需要卖出。

3.操作实例

美股RYAM瑞安特种材料公司，2020年3月，建仓成本：1.1美元/股。

买入理由：

（1）一家好公司：瑞安是溶解木浆细分市场的世界龙头工厂，上游原材料是木材，产品下游第一大用户是烟草公司，做香烟过滤嘴使用，第二大用户是生产粘胶人造棉的纺织工厂。2014年在美股上市，市值最高时接近17亿美元。溶解浆行业里毛利率最高的是醋酸级别浆，供给烟草公司用来做香烟过滤嘴。烟草行业受到各国政府严格监管，经过一百多年的演变，世界烟草行业形成高度垄断的格局，四大烟草集团占有全球70%的市场份额，相应的过滤嘴用溶解浆采购也高度集中。溶解浆原料的稳定对于香烟口感的稳定很重要，烟草集团对于溶解浆原料供应商的品质认证特别严格，而且认证程序非常烦琐，成本很高，轻易不会更换供应商。溶解浆分为寒带针叶浆和热带阔叶浆两种，针叶浆的纤维较长成本较高但是质量更好。瑞安的针叶浆产能占全球的27%，而占主要使用针叶的醋酸级别溶解浆全球产能高达70%，高度垄断对全球烟草行业的溶解醋酸浆原料供应。烟草是高利润行业，对于供应商的利润率并不苛刻，作为初加工商品领域，瑞安的醋酸浆业务毛利率一直不错。

（2）行业低谷：溶解浆属于大宗商品属性，价格具有周期性，一般上涨2~3年然后下跌2~3年。2018年溶解浆开始周期性走弱，2019年全年继续下跌，2020年受到全球疫情影响雪上加霜，全球溶解浆价格跌到10年最低位，行业处于10年低谷，全球几乎所有溶解浆工厂都陷入亏损。

（3）好公司低谷：瑞安有业内最好的客户群，是溶解浆行业全球毛利率最高的公司，但是2019年瑞安公司也面临诸多困难。“我们遭受全球贸易争端的影响，下游客户市场崩溃式下跌，同时强美元使得我们的竞争对手获益。在2019年初，我们的特米斯卡明工厂和杰斯普工厂还出现内部运作问题。”公司董事长兼CEO波尔先生在2019年年报中说。

同时，波尔先生还和华尔街金融圈在2019年不合时宜地闹僵了关系，而公司第一大股东就是华尔街知名的贝莱德基金。内忧外患之下，2020年3月中旬，瑞安股价迎来美股10天内4次大盘跌停的最后一击，市值从曾经最高的17亿美元跌到不足1亿美元，股价甚至短暂跌破1美元，彻底沦落。

我们利檀海外基金在2020年3月中旬出手抄底买入瑞安股票，平均建仓成本1.1美元。我们相信，这是大盘低谷、行业低谷、好公司低谷三谷叠加造就的绝佳买点。瑞安依然保有业内最佳的客户群，公司多年来凭借在全球针叶浆上拥有的最大产能及在醋酸浆技术上和烟草客户上多年的交流积累，与全球烟草巨头的供货关系依然牢不可破。溶解浆的价格周期向下已经走到第三年，离开始反转的时间已经不远，作为公司利润最主要来源的醋酸浆产品价格已经触底反弹。同时，瑞安董事长兼CEO波尔先生为了改善关系，同意让出董事长的职务，只担任CEO。所有压制股价的因素已经开始改善，是介入良机。

卖出时点：

与买入时机相反，周期股通常在行业周期高点、公司利润周期高点的时候，就是卖出的时机。从一级市场估值角度，对瑞安公司的估值是10亿美元。写稿的时候是2020年7月，瑞安市值已经反弹到约2亿美元，但是还有很大的安全边际。按照2~3年的行业历史价格上涨周期，在2022或者2023年，当行业价格回复高位，公司利润恢复到历史高位时，应该就是卖出的时机。

四、短久期债券投资

债券投资是利檀稳盈组合投资策略的重要部分，当我们对经济未来三年的展望不乐观，或者觉得大盘估值偏高的时候，我们就会择机加大对债券的持有比例。

2018年是中国信用债打破刚性兑付元年，市场上开始出现批量的违约债券。违约债券的出现是中国资本市场的新兴事物，正因为之前的债券基本上不存在违约，也就没有大的价格差异，不需要投资人或者投资机构具备风险定价能力，或者说，市场上交易债券的绝大多数投资人和投资机构没有经过债券风险定价的训练。而且债券评级机构也完全没有识别发债企业风险的经验和能力。所以，当2018年债券违约开始出现的时候，严重缺乏经验的持债机构为了避免踩雷，采取一刀切的处理办法，只要发债企业一有负面舆情，就不管价格先抛了，造成市场上出现一些被错误定价的债券。

在被市场错误定价的债券里面有一些短久期的债券，尤其具有投资价值。所谓短久期债券，指的是一年内甚至半年内到期的债券。除非企业在几个月内出现资金链断裂的极端现象，否则到期债券必须正常足额兑付。如果一家企业不能兑付到期债券，瞬间就会失去信用和所有的融资能力，同时会面临所有债权人挤兑甚至吃官司的风险，经营会陷入困境，生产和销售都难以为继。收不到钱的债权人可以去法院起诉负债企业，要求查封其账户和资产，甚至可以请求法院判定负债不还的企业破产清算，拿清算后回收的现金来还债。所以，企业除非到万不得已，绝对不会不去兑付到期债券。

判断一家企业几年后是否会因为经营不善导致资金链断裂还不起债务的难度较大，因为市场和企业几年内可能会发生很大的变化，但是判断一家企业几个月内面临的市场状况和经营情况，难度就会小得多。2018年下半年开始，我们的债券投资策略集中在发掘被错杀的短久期债券。

复盘利檀6期从2018年6月成立以来实施利檀2.0版投资策略的情况，滚动集中持有短久期债券一直是我们的一个重要策略，给基金带来不错的利润贡献。从2020年4月开始，我们进一步把短久期债券投资策略运用到利檀海外基金，也开始显现出不错的效果。

下面我们举一只利檀6期已经完成投资的债券例子来说明背后的投资逻辑。投资标的：国美电器发行的16国美01债，规模：30亿元，回售日期：2021年1月7日。

投资过程：利檀6期在2020年2月至3月开始逐步分批买入，建仓成本平均在85元左右，持有三个多月后到2020年6月开始在95元以上逐步分批卖出，切换到新的债券。利檀6期持有16国美01债大约100天，实际收益约为14%，年化收益约为50%。

债券价格下跌的背景：

（1）上市公司国美零售受到京东、苏宁等电商的冲击，从2017年开始收入下降，连续亏损，负债增加，流动比率跌破1；国美零售资产负债率从2016年的66%恶化到2019年的88%；

（2）2020年初疫情的因素，零售业受到冲击，担心高负债率的零售企业会债务违约。

因为多年来我们对于电器零售行业始终有跟踪研究，对此行业有深入了解，我们评估了国美电器的债券报告和上市母公司国美零售的财务报表以后，做了一些金融圈调查，然后迅速决定买入国美债券。

买入理由：

（1）大股东的家族近年来没有大规模不良投资，在上市公司体内和体外都没有盲目扩张情况，资产抵押率不高，资产比较健康；

（2）发债公司国美电器经营正常，管理层稳定，在电器零售行业口碑良好，港股上市母公司国美零售近年来资产负债表和损益表演变符合行业状况，可信度高；

（3）经过向国美电器有授信的大连银行北京分行求证，确认2020年初给国美电器已经重新续了5亿元授信，在银行圈内国美电器信用口碑正常；

（4）国美电器作为行业老二多年来构建的全国销售网络有价值，这种价值必要时可以转换成融资能力。2020年4月和6月，拼多多和京东先后认购国美2亿美元和1亿美元可转债，证明了我们的判断。

（5）截至2019年半年报，发债主体国美电器资产负债率控制在63%，流动比率1.5，与2018年差不多，发债主体的资产负债情况控制得还好。经过向国美电器的发债受托管理人东兴证券求证，国美电器后续发债预期正常。

（6）截至2019年半年报，国美电器银行授信总额273亿元，已使用158亿元，剩余额度115亿元，而国美电器到2021年1月债券回售到期总额38亿元。电器零售商不同于服装餐饮，具备可以延迟消费的属性，随着疫情逐步好转，国美销售预计逐步好转。零售龙头企业现金流好，容易从银行取得贷款。2020年4月公布的国美电器债券年报披露，截至2019年底国美电器银行授信额度进一步增加到284亿元，完全可以覆盖未偿还债务。

短久期债券买入策略总结：

（1）我们采用的是不同时间段滚动集中持有性价比最高的单只债券策略，1年期可能会滚动买入5~10只债券，风险概率和1年期同时分散持有5~10只差不多，但是收益率和流动性会好得多。

（2）我们按照对行业和企业的深入了解，以选股的投研和调研强度来选债，对在我们能力圈范围内的公司，觉得判断一家公司在1年内是否会资金链断裂从而判断债务违约的难度，比判断一家公司未来3~5年的盈利前景难度要小得多。

（3）为了保证安全，我们只会去买入上市企业的债券，因为上市企业的财务报表比较公开透明，而且企业的信息都会有大量的新闻跟踪报道，可以有很多线索来分析企业的经营情况和财务状况。

（4）传统做投资的同行，普遍没有经历债务违约的历练，谈到违约就色变；金融圈的风控部门也欠缺经验，提到民营企业信用债就恐慌；国内的债券评级机构，存在分析水平不足的问题，这些因素导致目前存在买入短期被错杀的中资民企信用债的机会。

中国经济近年来步入低增长的阶段，同时全球的整体负债率已经上升到难以持续的高水位，去杠杆降债务是今后不得不面对的痛苦过程。债券违约在打破刚兑后是常态化现象，随着经济波动增大还会日益增加，而市场由于恐慌而错误定价的机会还会持续存在。

五、稳盈低波动投资组合策略2021年路演纪要

1.低波动组合的意义

大家去买基金产品，无论公募、私募，还是自己投资，低波动这件事情有没有意义？或者是不是像一些朋友们说的，做股票就是要有波动的，我们何必在乎波动呢？你只要持有时间长，能穿越牛熊，最终能赚到钱就行了，中间波动、亏钱，忍着就行了？从2014年成立第一只公开产品以来，我认为管理基金，做一个投资组合，低波动是非常有意义的下图为2020年2月18日—3月8日公募基金与利檀基金产品回撤对比。

（1）逆向思维才能跑赢市场

基金经理对于整个大盘、情绪的判断，会比一般的投资人更专业，在大盘很高的位置我们更关注风险，在大盘和情绪都很低的时候，比如，2020年2、3月份时，我们看到机会就果断去买。

2015年5月，利檀2期进行了40%的大额分红，2020年3月，我们连续写了6封信给利檀系列基金投资人呼吁追加投资。

（2）市场情绪高涨，专业看风险，散户跟风上

往往很多散户买入点都是大盘涨得很好，整个情绪非常乐观的时候。比如，2021年1月和2月初。

后面发生了什么？很明显，大家可以看到，从春节后第一个交易日，2月18日开始，市场就来了一波急跌，这波急跌是整个金融圈，包括我自己也没有预料到的。从2月18日—3月8日，短短半个月的时间，很多2020年业绩很好的公募的回撤达到25%，甚至30%。这就意味着2021年初买入的投资者，可能会有20%~30%的亏损，假如投了10万元，一个月不到变成了7万元，这种体验感往往是很糟糕的。

（3）低波动组合有助于缓解大多数投资人在市场剧烈下行时产生的恐慌心理

另外还有一种，持有时间长，有些基金经理会“教育”投资人，遇到基金净值大幅下跌不要慌，只要持有时间足够长，我一定给你赚回来，我相信对于很多有水平的基金经理，你给他足够长的时间，比如说一年、两年、三年，甚至更长的时间，他只要是做中长线的投资，看得准，相信一般都能给大家赚回来。但问题是，

一般的持有人，他们这个组合不是他们自己选出来的，他们对于公司、对于行业的了解，肯定不如基金经理了解得那么深，在这种情况下，你让他们也保持很坚定的信念，哪怕有大幅的波动，我也跟着你，跟着基金，亏的时候我愿意忍受，有的时候也不一定能做得到，往往就会在底部的时候割肉、认亏，长期高波动的产品不一定真的能给他的多数投资人带来很好的回报。

所以，利檀投资和我的基金产品就是要做到低波动，用稳健的增长，让投资人去享受长期的盈利，实现财富的增长。

做任何投资，稳健就要首先关注风险，要深入了解钱是通过什么方式赚来的，有没有可持续性，意思就是你赚的究竟是运气的钱，还是实力的钱。

2.如何构建低波动组合

我管理基金这几年，尝试着做的动作就是低波动，尽量控制回撤，同时还要有一定的回报，怎么做到呢？下面我想介绍一下具体的一些做法，如下图所示。

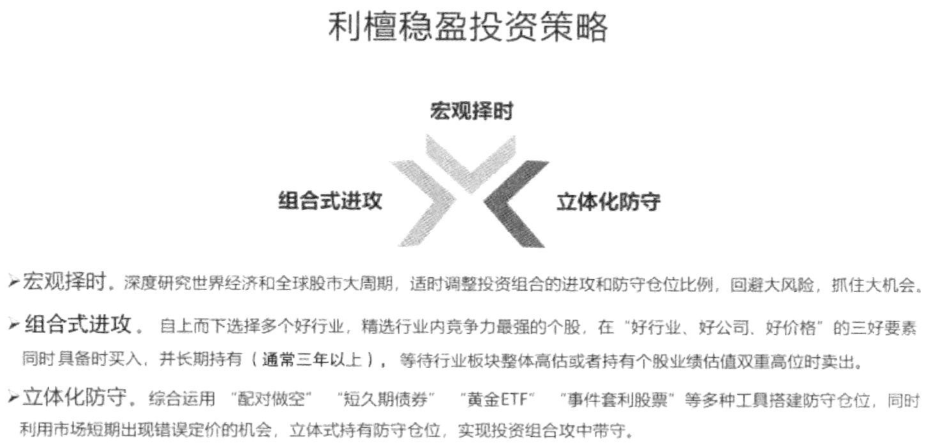

（1）宏观择时

宏观择时，我们做的不是几个月、半年、一年这种维度的择时，像这样真正的择时我只做过两次，过去只有两次大的择时，一次是2015年5月份，当整个大盘在迅速加杠杆拉伸下，从2000点急速涨到5000点的时候，我觉得那时大盘系统性风险是很大的，我们做了一个避险的动作，当时我管的利檀2期做了40%的现金分红，把仓位降下来，当时在大幅下跌期间，我们利檀2期的表现还是很漂亮的。第二次择时动作发生在2020年2、3月份，当时全球的股市也陷入了非常低迷甚至发生流动性危机的时间点，那个时候我倒是觉得这是一个很好的抄底的时机。过去七年，真正的择时我也只做过两次，其他的这些，比如说2018年的下跌，包括2021年春节后的那一波下跌，我自己并没有判断出来，这中间除了一个很高的顶部，或者是很低的底部我可以看出来，中间的这些波动我是看不出来的，我这里的宏观择时强调的是择大时。

（2）组合式进攻

择时并不是最重要的策略，最重要的是有一个投资组合，这个组合不需要做频繁的择时，因为频繁的择时我也做不好，我们是做一个不管市场中间如何波动，能够比较稳固地去抵御市场大的波动的组合，这是我想追求的目标。具体的做法是，在整个投资组合里面，强调的就是四个字，攻守兼备，有进攻，就一定要有防守，进攻的部分，整个大的框架可以定义成在我的这个持仓里面，股票的部分是进攻，即组合式进攻。这一定是比较分散的8~10个行业，有十几、二十只股票，这么一个组合式，不会押宝一个行业或者是一两只股票，那样的话，波动很大。同时我们也强调，在买股票的时候，我们一定要有一个周期的判断，我们希望在行业低谷的时候，好公司业绩低谷，它犯错的时候，市场对它有一些低估值定价的时候去买，这样它向下的空间就不大。

（3）立体化防守

在这个投资框架里面，立体化防守主要不是股票，是一些债券，一些黄金ETF，也会有一些股票，但是什么股票呢？是一些短期卖出获利的股票，甚至是×年初买入的一些代表看好大宗商品的石油股，虽然是股票，我也放到立体化防守里面。实际上我们做二级市场的投资，最大类的标的包括三块，股票、债券、大宗商品，而这三块里面波动性第一的是股票，第二的是大宗商品，第三的是债券。相对来讲，如果我们把债券及大宗商品里面相对波动最小的黄金ETF放到这个组合，作为一个防守的概念，占到一定仓位的话，就会平滑掉整个组合的波动。这个是我们强调的投资框架一定要有攻有守，攻守兼备的基本内涵，这样的话，就能相应做到可能的低波动。

（4）组合配比

在我的组合里面具体的仓位比例分配，组合式进攻板块是大约60%仓位的股票组合，剩下40%仓位是立体化防守板块，包括债券、商品，从2020年第四季度开始，我们对策略又做了小的优化，加了一个配对做空。做空当然是更极致的防守，下跌的时候获利。60/40的进攻和防守比例分配，实际上是非常经典的组合比例，从20世纪60年代开始，很多欧美的主权基金和养老基金等追求稳健的基金，基本上都会用60/40的框架，买60%的股票，另外40%配到债券、商品，商品的代表就是黄金，这些商品的波动性比较小。我们这边又加了一些做空对冲，这就是我具体的投资比例。

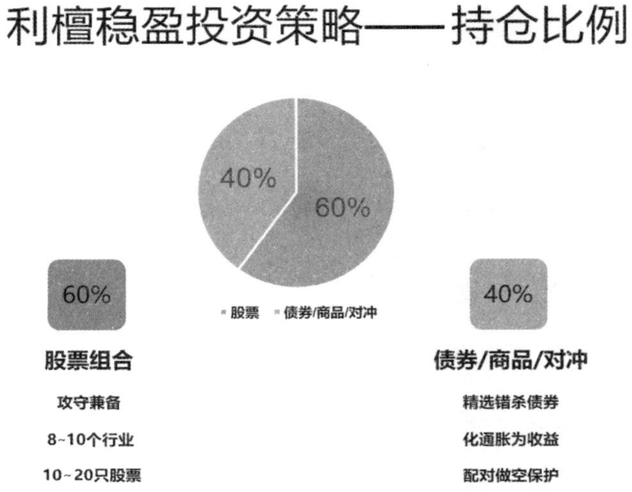

（5）股票投资

我们在60%的股票组合里面还是会有分散的行业，8~10个行业，十几、二十只股票。具体到行业配置，也要攻守兼备，即使是股票组合里面，我也希望做到有攻有守。所谓进攻的股票，我依据的是行业估值，PE估值在它的历史分位数50%以上的股票，这些股票的进攻性比较强，属于比较热门的行业板块。比如说2020年到现在的新能源汽车、医药、白酒饮料这些消费品，它们从2019年、2018年开始，估值就在历史分数的50%以上，甚至达到90%以上，达到极高的历史估值水平，这种情况下的进攻性是很强的。

所以，你看我们的股票组合里面，我们有新能源汽车，接下来就会有纺织的针织面料、箱包，这些股票所涉领域受到疫情的极大影响，整个行业的景气度非常差，盈利状况也很差，所以，整个行业估值也非常低，在它的历史分数50%以下，我将它们定义成防守行业板块。

接着有医药，医药完了以后还有房地产，房地产又是估值非常低的板块，农业化肥现在估值不算高，但也不算太低，消费品无疑是高位，进攻性强，但是银行保险相对来讲，防守性更强。公共事业防守性强，但是军工相对来讲，进攻性会比较强，这个是我们的行业配置，股票组合里面，这种攻守兼备的组合。我顺便讲一下，其实你如果去看巴菲特的投资组合，虽然巴菲特从来没说过他要构建一个攻守兼备的投资组合，但是事实上他做出来的组合具有攻守兼备特征。我们可以看一下，在2020年底巴菲特的持仓是什么样的？2020年底巴菲特的投资组合，前十五大重仓股，我们看到他最大的持仓苹果及加上排在第八名的比亚迪，两只股票占到他整个股票投资组合的接近一半。而苹果在2020年底的估值，包括比亚迪在2020年底的估值，如果以传统的价值投资定义去看，它们的估值是相当高的，但是巴菲特仍然持有它们。

另外接近50%的巴菲特的股票分布在哪儿呢？美国银行，非常传统；可口可乐，2020年它的估值也并不高，也是在历史均位数；美国运通，属于信用卡，估值不高；通信、公用事业估值不高，传统板块，防守板块；穆迪、金融服务，防守板块；银行，防守板块；雪佛龙，石油股，估值也很低，防守板块；美国大型的制药公司，估值也都不高；伊藤忠商事，PE不到10倍，通用集团的估值也很低。巴菲特另外50%的支撑实际上是防守板块，虽然巴菲特自己没有说，但是事实上他2020年底的持仓有这样的特性。

伯克希尔哈撒韦持仓数据（截至2020年12月31日）

公司名称	持股数量	占公司持股百分比（%）	购买价格（百万美元）	市场价值（百万美元）
苹果	907 559 761	5.4	31 089	120 424
美国银行	1 032 852 006	11.9	14 631	31 306
可口可乐	400 000 000	9.3	1 299	21 936
美国运通	151 610 700	18.8	1 287	18 331
Verizon通信	146 716 496	3.5	8 691	8 620
穆迪	24 669 778	13.2	248	7 160
美国合众银行	148 176 166	9.8	5 638	6 904
比亚迪	225 000 000	8.2	232	5 897
雪佛龙	48 498 965	2.5	4 024	4 096
Charter通信	5 213 461	2.7	904	3 449
纽约梅隆银行	66 835 615	7.5	2 918	2 837
艾伯维公司	25 533 082	1.4	2 333	2 736
默克	28 697 435	1.1	2 390	2 347
伊藤忠商事	81 304 200	5.1	1 862	2 336
通用集团	52 975 000	3.7	1 616	2 206

回到股票组合，股票组合的攻守兼备说完以后，我接着想说一个很重要的点，即如何选择一只股票的买点？因为我觉得你买得足够便宜，相对来讲，你往下的空间就小，往下的空间小，相对来讲，整个组合出来的波动性回撤就会小。

刚才我说了，我希望买在周期，一个行业、一个公司的周期的底部位置，那个时候它的股价往往比较低，在底部，我们怎么去判断行业的周期呢？我们会有几个维度，产品的周期，比如一些汽车企业，如果老的车型卖了四五年，它就开始到了末期，也就是要开始切换到新的车型周期了，即新的产品周期要开始了，而那个时候往往就会是它青黄不接的时候。

首先，老的车型逐渐减产，处理库存、降价，新的车型还要慢慢地增加产能，去市场推广，还不能马上接上来，所以这个时候它的业绩是最青黄不接的时候，这个时候它的股价往往也会是低迷的。我们可以从库存周期来判断一个行业的周期，当一个行业的库存很高的时候，往往它的价格也都会往下，但是如果当这个行业的库存已经差不多见底了，开始补库存的时候，那个时候是一个新的上升周期的开始，通过这些周期，包括价格周期，我们去选择买入一个好的行业谷底。这个时候我想多说一些，实际上很多行业，甚至包括像白酒这种消费品行业，也是有它的周期性的，白酒的上一个行业周期性繁荣的高位，是在2012年，那个是上一波白酒的繁荣期的顶点。

2012年，茅台的零售价已经超过2 000元，随着2013年、2014年白酒行业周期的向下，茅台的零售价也从2 000多元跌到了2014年最低的900元，不限购，随便买，用周期的眼光可以看到，有很多行业其实是有周期性的。在周期谷底的时候买入，介入一个行业，选择这个行业龙头的时候，强调要自下而上地研究一下公司，多维度地去看，看一下企业，它的企业文化会怎么样，它的管理层稳定性怎么样，管理层注定了它的企业文化，它的企业文化会影响到公司发展的方方面面，包括产品研发，研发在行业里的强弱，还有销售部门的能力，运营的效率，我们选任何一只股票，研究公司，一定要多维度、深入地去剖析、去分析，看看未来发展的潜能究竟在哪儿，能不能成为未来这个行业三到五年的赢家？如果选对了，又在一个行业周期的底部去买，你买的这只股票向下的波动相信也会小。

（6）债券投资

说完股票，再说债券、大宗商品、配对做空。这里我想提一下债券，利檀基金去进行投资的债券，我们是以研究股票的手法研究债券，我们买的债券一定是上市公司的债券，这个行业，这个上市公司是我们长时间跟踪的，对它的财务状况了解得比较深，在对它的商业模式，对这个行业内的具体情况，把握得比较深的情况下，就可以去做一些高难度动作，可以去买入一些短周期的，但是会有一些负面的消息，短期内被错杀的信用债。2021年我们又配置了一些小市值的一百亿元以下的公司。一百亿元以下小市值的公司2016年之前是整个市场估值最高的，2017年随着大盘蓝筹股的崛起，一百亿元以下小市值股票的开始估值向下一杀再杀，2017年、2018年、 2019年、2020年，甚至一直到现在2021年，还在杀估值。

但是这里面，我觉得也是有宝贝的，你看我们现在可转债持有的都是市值小的，一百亿元以下的，但是财务很健康，发展潜能也不错，只不过是由于它的股价受到小市值低估的影响，而我们买的都是小市值公司2020年发的可转债。2020 年，因为股价已经跌得好几年，转股价格不高，2020年下半年，可转债整个市场杀跌了一大波，很多一百三四十元跌到一百元，甚至跌破一百元。跌破一百元的时候，债性已经出来了，如果你去买入，财务很健康的、没有债务违约的风险、股价又严重低估的，这种小市值的公司可转债可以买，慢慢耐心地等待，当它的转债价格跌到一百元以下的话，空间已经不大，可以长期持有，耐心等待估值的回归。这种投资标的符合我们低波动下争取稳健收益的风格。

（7）大宗商品

大宗商品，2019年、2020年，我们持有8%到10%比例的黄金ETF，我们判断黄金处于上升的周期，另外当大的风险事件发生的时候，黄金的价值能体现出来。

黄金受到各国央行的认可，是有政府背书的储备货币之一，黄金本身还有它的价值。2021年初，我们把一半的黄金仓位切换到了石油股票，这个背后的原因是我们觉得，随着货币宽松发展到一定程度，通货膨胀就会抬头，而结束货币宽松最终极的凶器就是通货膨胀，是最后不可避免会发生的现象。在整个通货膨胀上升周期，我们持有一些大宗商品，或者是持有一些大宗商品的股票，就能起到对冲通货膨胀的作用。

比如巴菲特2020年底持有的伊藤忠商事，就是很标准的通货膨胀股票，持有伊藤忠商事，其实是买了一揽子，如果看它们的财务报表，它们最大的资产，就是它们在世界各地买的矿产，类似于铁矿石这种大宗商品的上游。巴菲特2020年下半年买入伊藤忠商事这四大商事，看的是通货膨胀的抬头，跟我们2021年初买的石油股是一样的手法。

（8）配对做空

2020年第四季度发展的一个手法是配对做空，当一个板块的估值越来越高的时候，里面我们会有一些多头，长期看好的好公司的仓位，我们想长期持有这家好公司，又担心当这个行业泡沫破的时候，所有的公司，不管好坏，都会跌下来，跌下来的时候，我们为了保护多头，就会买一些我们觉得这个行业里面泡沫更大那几只，持有它的做空仓位，当整个行业估值跌下来的时候，做空部分就可以获益。接下来具体说明一下，配对做空是怎么回事。

案例分析：

具体的手法，我们举一个例子，因为我们长期看好比亚迪，持有比亚迪的多头，但是又担心从2019年6月由特斯拉带动的这一波全球的电动车股票热，估值不断抬升，这个泡沫始终会破，当这个泡沫被刺破的时候，这个板块里所有的公司估值、股价都会下跌，我们又想长期持有比亚迪，所以我们就配了相应的同行业的个股空仓，通过收益互换来做空另外三支同行业股票，也是在美股上市的中国电动车：蔚来、理想、小鹏。可以看到，截至2021年3月15日收盘，从2021年初开始，比亚迪的股价是下跌的，但是反过来，我们持有的空头部分，蔚来、理想、小鹏跌得更多，跌得更多的部分成为我们组合的盈利，这就是配对做空发挥了平滑波动的作用。

案例一：

最后，举几个具体的投资案例，这几个投资案例可以比较典型地说明我们如何选择买入一个行业和买入公司时的买点。第一个案例是2019年下半年买入的信立泰，时间点我们定义成好公司的底部，但是行业并不是底部。2019年下半年，医药板块已经开始处于上升状态中，估值并不是很便宜，但是在这个行业里面，选择了一家我们觉得在这个行业里面非常低估的一只股票，叫信立泰，公司做的是心脑血管领域的药物。2019年之前90%以上的营收和利润来自仿制药，到了2019年下半年，集采制度一出来，公司的竞争对手以更低的价格抢走一部分市场，同时整个市场价格又被腰斩，甚至都不止。所以大家在2019年下半年就意识到，2020年公司的业绩会非常难看，确实，2020年公司的业绩很难看，营收、利润腰斩都不止，公司的股价就提前反映了，从40多元钱跌到了10多元钱，我们建仓成本在19~20元钱。我们当时买入，觉得虽然这家公司在2019年下半年没有被人看好，实际上它有一些未来的潜力，我们觉得当时已经展现出来了，包括它在2017年9月上市的降压药，国家创新药一类药，虽然在2018年才逐步推广，基数还是比较低，到了2019年营收也很少，对于营收、利润还形成不了很大的贡献，但是势头已经慢慢出来了。

到了2021年，创新药已经占到信立泰营收比例的20%~30%，同时公司布局的心血管领域其他研发管线的创新药也具备很大的市场价值。公司当时第二款创新药是做肾贫血的药，2020年出不来，预计要到2022年底才能上市。可能市场不想等，当时市场股价非常低，我们在这个低位介入，买完以后持有，等三年、等五年，等到公司第二款、第三款、第四款研发药上市，等到市场开始意识到，公司已经成功地从仿制药公司切换成创新药公司。

买完以后，到2021下半年，市场已经逐步给了公司一个重新估值，特别是2021年下半年，国际上投资过很多成功医药公司的知名PE投资集团凯雷也从信立泰大股东手里买入公司5%的股权，这就证明了公司在心血管领域的这些布局，包括在美国买的抗心衰的临床药物，实际上价值已经被行业内的内部人士、专家们认可，只不过在2019年下半年的时候，大家选择了对它的忽视，那个时候我们反而觉得是买入的好时机，好公司在底部值得买入。

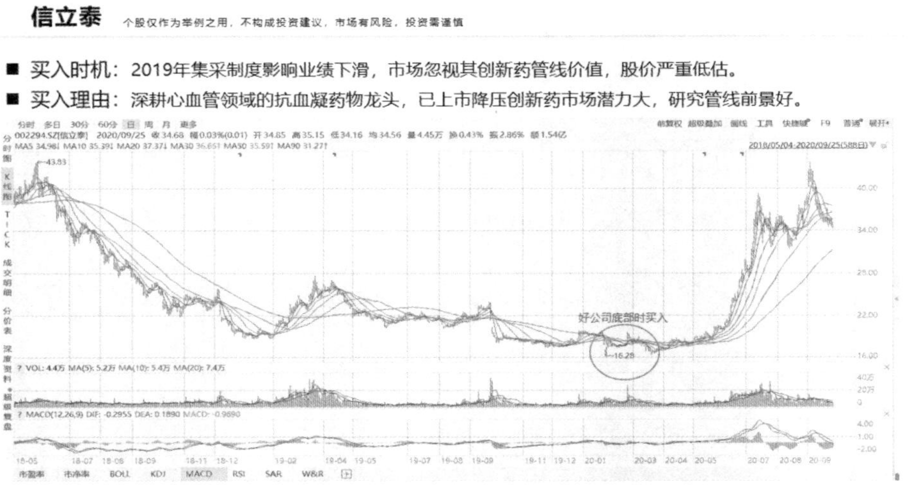

案例二：

刚才说的是A股的例子，现在说一个港股通的，我们买入比亚迪的例子。我们买入比亚迪的时候，选择的买点时机是2019年下半年，建仓成本大概是40元钱，为什么在2019年下半年买比亚迪？首先我们定义成看好，它是整个新能源汽车行业里面，最具有成本优势的一家电动车厂商，它有自己的电池，是唯一一个自己做电动车电池的整车厂。

同时，它除了自动驾驶芯片以外，其他所有电动车的主要零部件，甚至包括RGPD芯片，都是自己一体化研发生产，所以它的成本优势是巨大的。有了这种低成本优势，2020年推出的汉，可以做出其他品牌三四十万元都未必能达到的性价比，一推出去就是爆款。2019年下半年的时候，当时大家对电动车是否是汽车业的未来是存在争议的，甚至像特斯拉这种现在估值这么高的企业，在2019年上半年的时候，股价也是非常低的，当时公司的股价在2019年6月份跌到了30多元，现在是600多元。而那个时候，中国的电动车，像比亚迪这样的公司，由于电动车

2019年下半年补贴退坡对中国电动车增速的影响，2019年下半年销售是下滑的，同时整个汽车行业，不光是电动车，销售增速从2018年也出现了历史上第一次下滑，2019年继续下滑，所以对于整个汽车行业及电动车板块，2019年下半年是属于整个行业最低迷，最低谷的时候，那个时候，它的估值也是最低的。

那个时间点可能是行业的底部，同时我们也坚定地选择了比亚迪，当时它的老车型已经逐步进入寿命晚期，而它新的产品，包括它的电动车汉、唐、混动，由于它要等它的磷酸铁锂刀片电池2020年上市，才去推出新的车型，因此，2019年下半年，它的车型处于青黄不接的时候，当时比亚迪的业绩也是最差的，也是好公司的底部。这个双重底部，造成当时三四十元钱就可以买到比亚迪，后来最高涨到260元，与2019年下半年的股价相比，已经大幅提升了。

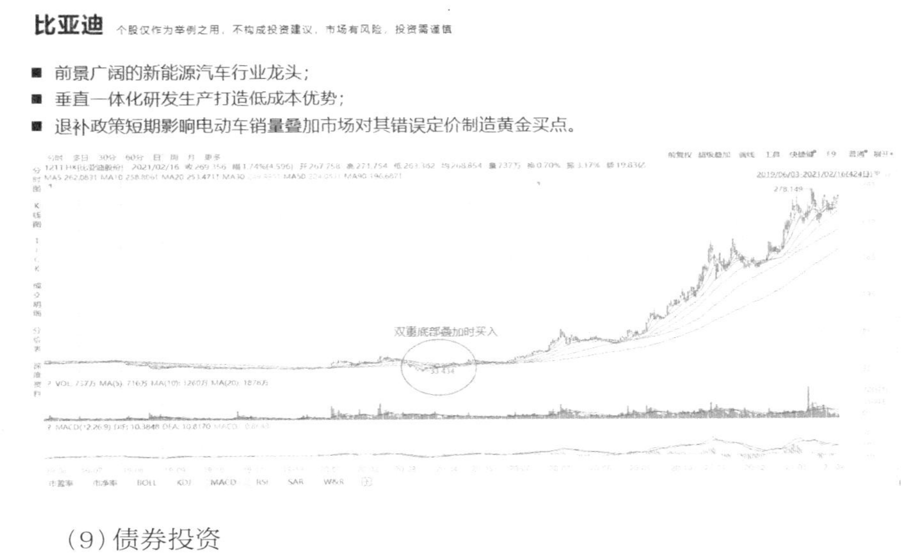

（9）债券投资

最后我想说一下债券的投资，债券投资里面，曾提到会买一些短久期的，被错杀的信用债。举一个例子，瑞康医药，这是一家做医药器械流通的上市公司，总部在山东，是一家上市公司，它的债券在2019年七八月份的时候开始下跌，当时市场上怀疑这家公司财务有问题，通过我们对这个行业的了解，以及对瑞康医药的商业模式和财务报表的跟踪，我们觉得虽然它的应收账款很多，但是很多都是与公立的甲级医院发生的，这些医院的还款能力是有保障的。

所以我们当时判断，不至于出现资金链断裂的风险，我们就抄底买入了瑞康医药的债券，2019年8月份分批买入。那个债的到期时间是2021年4月份，假设它不违约，且财务状况没问题，到2021年4月，就可以兑付，实际上我们持有到2020年2月份的时候，市场已经逐步意识到，它的还款能力是没问题的，债款的价格逐步从七八十元钱回升到了接近一百元钱，这个时候我们就把它卖掉了。这种收益率比较高的，收益率超过15%，甚至更高的，我们称作垃圾债。

18瑞康01　个股仅作为举例之用，不构成投资建议，市场有风险，投资需谨慎

■ 从2019年8月分批买入持有到2020年2月，持有半年收益18.4%，年化收益36.8%

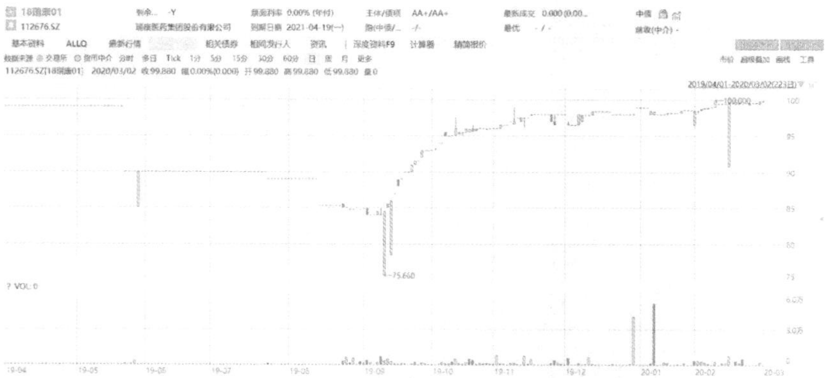

垃圾债的投资，实际上巴菲特也做了，我们看一下，巴菲特买入垃圾债的投资案例。2002年，当时是互联网泡沫破灭，亚马逊公司当时是面临着严重的亏损及

很高的负债率，已经是资不抵债了。当时股价又正值互联网泡沫破灭，股价从一百多美元跌到了不到十美元，他的债券从一百美元跌到了五十几美元。但是当时巴菲特买入了亚马逊的债券，他判断亚马逊的商业模式及潜力，决定了在这个行业里有自身的价值，不会破产。他的判断是对的，最后他这笔垃圾债的投资也给他创造了很好的收益，我们用的也是同样的手法，只要你对这家企业的商业模式，对它在行业里的发展潜力及对它的财务报表有比较深入地把握和了解，就可以利用市场短期有时候出现的一些错杀的机会，获得跟股票一样的盈利。

巴菲特债券投资历史

2002年，巴菲特以面值57%的价格购买了3.1亿欧元的亚马逊债券，票面利息率为6.875%，以欧元计价，2010年到期。按照当时1欧元兑换0.95美元计算，总投资额为1.69亿美元。

当时亚马逊公司面临严重亏损和高负债率，其净资产在2000年和2001年分别为-9.67亿和-14.4亿美元，又恰逢科技股泡沫破裂和9·11恐怖袭击，股市急挫，亚马逊公司股价从最高的约100美元下跌至不足10美元，亚马逊公司债被市场认为是“垃圾”级别，以面值57%的价格在交易。

但是5年后的2007年，亚马逊公司的该种公司债券价格上升至面值的102%，同时美元汇率大幅下跌，变成1欧元兑换1.47美元。

巴菲特在2005年和2006年卖出了价值2.46亿美元的公司债，在2007年底仍持有价值1.62亿美元的该种债券，总回报为4.08亿美元，总投资收益约为2.5亿美元，投资收益率约为140%，其中1.18亿美元属于汇率变化贡献的收益，其中1.3亿美元为债券升值贡献的收益。

第五章

行业观察

一、互太、鲁泰和申洲——纺织面料行业

互太、鲁泰和申洲是三家上市的纺织公司：港股互太纺织、A股+B股鲁泰纺织、港股申洲国际。

三家公司分别是各自纺织细分领域的赢家，互太纺织是中国最大的针织面料生产商，鲁泰是最大的机织面料生产商，也生产部分机织衬衫，申洲国际是中国最大的针织面料服装一体化生产商。

三家里上市最晚的是互太纺织，如果把互太纺织上市的2007年5月作为起点，截至2021年8月，比较一下投资这三家同行业的纺织公司股票过去十四年的回报的话，会发现：

（1）互太纺织港股2007年5月市值75亿港元，十四年累计分红112亿港元，分红112亿港元加上2021年8月6日市值62亿港元等于174亿港元，十四年总回报132%；

（2）申洲国际港股2007年5月市值43亿港元，十四年累计分红192亿港元，分红加上2021年8月6日市值2703亿港元等于2895亿港元，十四年总回报6632%，回报达到惊人的66倍；

（3）鲁泰A股2007年5月市值105亿元，十四年累计分红42亿元，分红42亿元加上2021年8月6日市值48亿元等于90亿元，持有鲁泰A十四年竟然是负回报14%。

互太和申洲的回报率比鲁泰高出很多，原因是互太和申洲主营业务是纺织针织布和针织服装，而鲁泰的主营业务是机织布和机织服装。

织布分为机织（又名“梭织”）和针织两大类。针织较机织在工序、品种、投资上优势明显，单位投资强度要小得多，属于纺织里面的轻资产细分领域。

过去十多年，纺织服装界流行开始去正装化，穿西服、礼服、衬衫的场合越来越少，服装潮流越来越休闲化，而休闲装的主力面料就是针织布。因为针织布的织物结构比机织布松，清洗后不容易皱，不用打理熨烫，符合休闲服装特点。而且针织布从生产上可以做到小批量多品种，符合快时尚的需求。所以过去十多年的纺织服装业大赢家都是走以针织面料休闲服为主的快时尚路线，以性价比取胜。

过去十多年服装业的另外一个重大趋势是运动服装占比越来越高。随着现代人参加体育运动的时间越来越多，体育服装占比逐年提升，以耐克、阿迪达斯、安踏等为代表的体育服装集团的销售额不断提高。预计今后十年服装业的赢家还是休闲服和运动服，针织布所占比重会进一步提升，机织面料相应会进一步萎缩。

正因为所处的细分行业不同，虽然鲁泰管理层也很勤勉能干，销售能实现全球化，同时在中国生产成本开始增加以后也积极发展了东南亚生产基地，在营销和生产上都做得和互太、申洲同样出色，机织色织布的市场份额做到了世界第一，无奈所处机织布行业回报就是比不上针织行业，鲁泰过去十年的净资产回报率远远比不上互太和申洲。

单位：百万人民币		2010A	2011A	2012A	2013A	2014A	2015A	2016A	2017A	2018A	2019A
营业额	互太	6 113	5 280	5 431	5 952	5 534	5 841	5 401	4 959	5 366	5 113
	鲁泰	5 026	6 079	5 901	6 478	6 170	6 173	5 982	6 409	6 879	6 801
归母净利	互太	724	522	729	854	800	894	847	565	718	628
	鲁泰	739	849	708	999	959	712	805	841	812	952
ROE	互太	24.8%	23.0%	23.4%	28.3%	28.9%	32.8%	29.9%	22.8%	26.0%	23.7%
	鲁泰	16.8%	16.7%	13.4%	16.7%	14.6%	10.4%	11.6%	11.6%	11.4%	12.4%

上表为2010—2019年互太、鲁泰和申洲ROE对比。

正因为鲁泰过去十四年的ROE比不上互太和申洲，买入鲁泰股票持有十四年的投资回报也比不上持有互太和申洲。不过，同样处在针织面料服装行业，ROE水平相近，为什么持有互太过去十四年的回报比起持有申洲又差得很多呢？

原因是申洲过去十四年业绩一直保持增长，营收从2007年的39亿港元增长6倍达到了2020年的274亿港元，扣非净利从2007年的5.3亿港元增长到了56.1亿港元，十四年增长了大约十倍。而互太过去十四年业绩增长缓慢，2007年营收是42亿港元，2020年只增长33%到56亿港元，扣非净利也只是从2007年的5.6亿港元增长21%到2020年的6.8亿港元，比起申洲的扣非净利十倍涨幅简直是天壤之别。

而且2021年股市是比较极端的结构化市场，极度偏好成长股，对高成长的公司估值给得非常高，相应的对没有成长的股票估值给得非常低。长期成长股申洲在2021年8月的市盈率达到44.5倍，市值达到2 703亿港元，而长期没有成长的互太同期估值只有8.6倍，市值只有可怜的62亿港元。

本来我有从事过纺织外贸行业的工作，对纺织业比较了解，本应该利用自己对行业的熟悉度优势去投资多一点儿纺织类股票。不过我在2017年之前基本没有买入过任何纺织股，现在回头想想也觉得有点儿奇怪，或者人就是这样，对自己熟悉的事物有时候反而缺乏关注，就好像熟悉的地方没有风景一样。

我在2017年7月开始注意到互太纺织是因为看到了当时的一条新闻，日本东丽纺织集团以每股10港元收购互太纺织退休的最大单一创始人股东的全部股权，成为互太纺织的最大股东。我原来在贸易公司做对日本纺织外贸业务的时候就知道东丽是日本最大、最强的纺织集团，差别化高档化纤纱线开发生产也是世界领先的。东丽成为互太第一大股东，意味着互太和自己最大客户的关系更加深度捆绑了，长期来看，互太的销售和盈利安全性大大增强了。

东丽成为第一大股东对互太今后的研发效率的提高也很有帮助，借助东丽在纱线上的优势，互太的研发拓展到了从原料纱线源头开始纵向一体化开发，在业界的研发深度和广度优势进一步得到加强。

我看好优衣库讲求款式简约，靠面料功能领先性价比取胜的强大商业模式，今后也会持续成功。在2017年7月看到东丽成为互太最大股东的新闻后，我决定找合适时机买入互太的股票。

正好2017年互太的越南工厂出了问题，当年净利润受到影响。我判断这是一次性的，问题解决后净利润就可以恢复。问题出现影响上市公司短期收益，造成股价短时间下跌，反而是买入良机，所以我在2017年10月当互太股价跌到8.5港元以下时，比东丽买入价格便宜15%左右开始逐步买入互太的股票。

到了2018年，问题果然得到解决，净利润有所恢复。不过从2018年到2020年，互太净利润增速远远比不上竞争对手申洲国际。2018年就提出的发展运动面料的公司战略也进展缓慢，眼睁睁地看着和申洲的差距被越拉越大。

这可能是因为日本团队刚进入互太公司，磨合需要时间，而且大公司做事情一向都慢，日本人管理公司的文化也是慢变化，日本公司东丽在整合提升互太的经营效率上也是慢节奏。申洲过去十四年的股息分红比率占到净利润的大约47%，而互太纺织的分红率达到了89%，看似互太对股东更慷慨。不过申洲把一半的净利投入资本开支以扩大产能，对运动服装龙头的销售开发取得巨大成功，利润不断增长，过去十四年股息总计，分红率低的申洲达到192亿港元，分红率高的互太只有112亿港元。对比申洲，互太在资本开支扩张产能方面确实太保守，开发运动服装面料方面步伐确实太慢了。而复盘十四年两家公司股价的表现，拉长时间来看，股市定价最终一定是合理的。

互太的股价一直很便宜，分红比率达到8%~10%，这是我一直持有互太的原因之一。在2020年4~5月互太股价跌到历史最低位，预期股息率超过10%回报时，我还加仓了互太。互太的越南工厂已经制订了扩产计划，在2023年会投产，产能比现在增加30%~40%，相信到时营收和净利润也会相应增加，市场可能会重新把互太看成有成长潜力的公司而重新估值，到时会迎来股价的上涨。

如果可以重新选择的话，我在2017年10月更应该买入的是申洲国际。当时如果我买入60港元（前复权）的申洲，到了2021年8月收益可以达到大约200%，而我当时选择买入了估值低的互太，结果到了2021年8月，最早一批2017年10月买入的小批量互太股票加上股息分红还亏损大约30%。其实，当初在研究互太的同时我就应该研究竞争对手申洲，买入互太的同时至少也应该买入部分申洲，达到攻守平衡的效果。

二、百丽和达芙妮——女鞋行业

百丽国际（01880.HK/退市）和达芙妮（00210.HK）是国内女鞋行业的两大品牌。我在2015年开始关注这个行业的时候，百丽国际是国内女鞋行业的龙头，达芙妮位列第二。

百丽主要是在一二线城市主推中高档女鞋，百丽旗下的品牌有Belle、Teenmix、Tata、Staccato、Basto、JipiJapa、Millie's、Joy&Peace、15MINS及Mirabell。此外，百丽代理的品牌有Bata、CAT、Clarks、Hush Puppies、Mephisto、Merrell等，基本上女士们去百货商场挑来挑去，最后发现买的都是百丽家的产品。达芙妮则是错位竞争，大力布局三四线城市，价格上也是推较为适中的中低端女鞋。换言之，一眼望去当时的市场状态是，一二线城市的女鞋寡头是百丽，三四线城市的女鞋王者是达芙妮。

鞋子，隶属"衣食住行"中的"衣"类，是一种消费品。中国经济发展良好，居民收入水平不断提高，大众消费蓬勃向上，作为日用消费品的鞋子是会被不断重复购买的，鞋类行业应该可以出大牛股。

2009年到2013年，百丽与达芙妮随着公司盈利持续增长，股价也不断走高。达芙妮从2009年股价1港元（前复权）涨到2012—2013年的最高11港元，增长了10倍。但是，2013年随着这两家公司的净利润水平达到高峰以后，盈利停止增长，甚至开始下滑，股价也跟着下滑。长期来讲，公司的盈利与其股价是呈正相关的。

达芙妮公司股价从2013年开始连跌两年，股价从2012年的历史高位11港元腰斩再腰斩，到2015年跌至2港元以下；百丽股价从2013年的高位18港元跌到2015年的大约8港元。我估计两只股票已经跌出了足够的安全边际，跌无可跌，就在2015年开始买入达芙妮和百丽。

虽然2013年到2015年这三年间，国内女鞋行业包括百丽和达芙妮的发展变滞缓了，但当时我的判断是：国内女鞋的竞争格局比运动品牌更好，只要周期低谷过去，整个行业就会好转，届时百丽和达芙妮的股价会随着盈利的复苏而重新上涨。

因为国内体育用品品牌面对的劲敌是“两座大山”——“阿迪达斯”和“耐克”，它们依靠着国际化品牌力、别出心裁的设计创意和一流明星运动员代言的影响力，在中国市场的份额不断增加，又由一二线城市下沉到三四线城市，本土运动品牌面对着严峻的挑战。女鞋行业，国产品牌本来就遥遥领先，并没有国际大牌在中国处于强势地位。中国作为轻工业产能最大国，女鞋的生产成本效率性价比是世界第一的，可预期的未来也不会受到进口鞋的冲击。行业需求不会萎缩，低潮期过后行业必将复苏，届时没有对手的双巨头百丽和达芙妮盈利必将恢复。我在2012年抄底国内体育用品龙头股李宁和安踏的成功经验，更让我信心满满，觉得2015年这次发掘的国内女鞋股票，过几年又会是我一笔光辉的业绩。

可是，就像生活中当自我感觉特别良好的时候，往往会碰到一些倒霉的事一样，通常当我对自己买的股票非常自信的时候，结果往往就会不如预期。2015年我信心百倍地抄底女鞋股票，最终却黯淡收场。

和当初的预期不一样，百丽和达芙妮进入2016年后，经营依旧没有起色，股价也随之进一步下跌。特别是达芙妮，虽然在当时“淘宝（天猫）”的“双十一”活动里，也是销售冠军，线上销售开展得不错，但最后业绩还是加速坠落。

回过头来反思，女鞋行业盈利主要靠不断开连锁店和同店销售推动，是非常“重资产”的。而且当时百丽和达芙妮大部分店都开在百货商店里，达芙妮除了百货商店里面的店中店，也有一些街边店铺，主要开在三四线城市。两家公司的销售主力主要依赖逛商场还有逛街的线下人群，当线上购物兴起，逛商场的人越来越少时，两家公司开的店都面临人流减少、销售下跌的压力。

虽然2011年7月百丽设立了优购网，一度被认为是垂直B2C的典范，同时它在天猫等电商平台上也有布局。但是，庞大的线下终端让百丽在电商业务上一直迟疑，长期以来，百丽的电商平台只是用来清理过季款。截至2016年2月，百丽拥有超过两万个自营网点，在消费场景不断切换的大环境下，销售额受到了严重制约。

另外一个关键因素是，消费者的流行口味在不断变化。过去的上班族都会正装搭配皮鞋或女鞋，但近几年来，越来越多的人喜欢穿休闲类的鞋，哪怕去上班，也可以穿着休闲类的服装，尤其是一些互联网的公司就更加随意了。所以，领带西服这些正装的销售量日落西山，运动装休闲装销量蒸蒸日上。随着这样的演变，像百丽和达芙妮主打的正装女鞋市场消费量开始持续萎缩。

在线下商场人流减少和大众着装流行变化的双重影响下，百丽和达芙妮双巨头开始持续走下坡路。比如达芙妮的利润从2012年见顶之后，每年都大幅下跌，在2015年后甚至持续亏损，2015年亏了3亿多港元，2016年亏了8亿多港元，2017年亏了7亿多港元，2018年又亏了8亿多港元，2019年亏损甚至超过

9亿港元。相应地，达芙妮的股价也一落千丈，从最高的11港元跌到1港元以下，这个下跌是很惨烈的。我确定自己判断失误，2016年当持有的达芙妮亏损了30%多的时候清仓止损。现在回过头再看，幸好2016年止损了，因为到了2021年，达芙妮市值已经从2013年的一百多亿港元跌到了不足十亿港元。

这次失败给我的教训是：开连锁店的商业模式，当业绩向上的时候，开店越来越多，盈利对应增加，股价会不停地上涨；但是一旦业绩出现逆转，走下坡路的时候，数量庞大的店，都会成为负资产，当同店销售下滑的时候，盈利就会大幅度下滑，甚至会出现大幅度亏损。

投资开连锁店的公司，一定要特别小心，要判断并随时跟踪盈利的变化，看它是保持向上的趋势还是逆转开始下滑的趋势。

尽管百丽和达芙妮都受到时代变更的冲击，不过百丽比达芙妮的盈利下滑的幅度要小，而且并没有出现亏损，因为除了女鞋以外，百丽还有另外一个业务，是“阿迪达斯”和“耐克”运动鞋和运动服装最大的国内销售代理渠道。

虽然随着潮流的变化，正装鞋是走下坡路的，但休闲鞋和运动鞋是向上走的，这就让百丽的经营出现了“对冲持衡”的状态。

2017年4月，百丽披露要约收购公告，以高瓴资本、鼎晖投资及百丽国际控股的执行董事于武和盛放组成的财团提出私有化要约，收购价6.3港元/股，较百丽停牌前最后交易日的收市价5.27港元溢价约19.54%。我在2015年买入并在随后不断逢低补仓的百丽最终获利大约20%。

私有化两年后，到了2019年，高领资本把百丽的运动用品代理这块业务独立出来上市，名字叫滔搏（06110.HK），上市市值大约500多亿港元，到了2021年2月，总市值达700多亿港元，单单是这一块拆分的业务，就已经超出了它进行私有化时的价格约30%。

这个收购是很成功的，也是一种很聪明的做法。把走上坡路的业务拆分出来进行独立上市。百丽运动用品的成功再上市证明了选择对赛道的重要性，2015年押注运动用品和押注传统女鞋，过了几年后的结果是天差地别的。

三、中芯国际和长电科技——半导体行业

半导体芯片相当于高科技行业的“大脑”，随着科技的不断发展，我们日常生活中使用的手机、电脑、家电、汽车等都变得越来越智能化，而智能化就离不开芯片。

半导体芯片产业自20世纪50年代出现，经过多年发展，演变成了主要三种行业分工业态：芯片设计、晶圆代工和封装测试。有了这种专业分工，行业内各企业可以各自集中火力加强自己擅长的领域，同时大家互相合作，达到了1+1>2的效果，原来一家企业从设计到晶圆制造和最后封装测试的IDM模式逐步被代替。

进入21世纪后，中国经济飞速发展，成为世界工业生产第一大国，形成的巨大市场也产生了巨大的需求，华为、联想、美的、小米等中国公司依靠本土市场快速崛起后开发国际市场，电子产品畅销全球，中国在家电、电脑和智能手机等领域成为最大制造国，生产了全球36%的电子产品。而中国半导体芯片行业刚刚起

步，远远满足不了下游电子行业的需求，中国成为半导体芯片的全球最大进口国家，2020年中国进口的半导体金额大约2.5万亿元，是中国进口第一大品类，超过第二大品类石油进口金额约1倍。

中国制造正在从原来主力生产中低端产品向生产中高端产品升级，这个过程中最重要的核心原料之一就是半导体芯片，生产的主力是欧美发达国家。

面对巨大的需求，提高半导体行业自给率在我国已经上升为国家战略。预期从现在到2025年，中国半导体产业会持续大发展，这里面就蕴含着很多的股市投资机会。

我在2019年开始关注半导体行业的投资机会，最终决定把注意力集中在两家龙头公司，晶圆制造龙头中芯国际和封装测试龙头长电科技，而中芯国际也是长电科技的大股东之一。

从国际半导体晶圆代工行业的发展史来看，晶圆代工是赢家通吃的行业，第一名赚大钱，第二名也能赚钱，第三名以后就很难赚钱。如果参与国际开放式竞争，作为全球第五名的中芯国际过往的净资产回报率确实不高。而在中国市场，中芯国际是唯一的龙头，并受到政策扶持，相信中芯国际的毛利率会逐步提升。

虽然我们相信中芯国际会是未来的最大赢家，但是我们依然耐心等待买点，在2021年7月中芯国际股价回调时，我们开始建仓买入。这会是我们的一笔长期投资，在中国实现半导体自给率达到50%之前，除非股价炒到天上，我们会持续持有。

一般对于一个大行业，我的投资组合会倾向于选择至少两只股票，最好一只

A股，一只港股，因为港股通常估值会便宜得多。我在2021年7月买入中芯国际H时，大约27港元/股，而中芯国际A股价达到67元/股，价格大约是港股的三倍，作为价值投资者，我选择买入港股。

作为投资半导体行业的另外一只股票，因为芯片设计的国内龙头华为旗下的海思半导体没有上市，我选择了封装测试行业龙头：长电科技。

长电科技是中国第一、全球第三的国内半导体封测龙头，在产能和技术上都是国内领先和世界一流水平。长电科技原来只是江苏省江阴的地方企业，2015年在国家集成电路产业大基金和中芯国际的帮助下，当时营收封测行业排名世界六的长电科技收购了当时行业排名第四的新加坡封测企业星科金朋，跃升为世界第三。2018年长电科技实施股票增发，国家大基金和中芯国际分别成为长电科技第一和第二大股东。这种支持预示着今后中芯国际和长电科技能持续保持作为中国半导体产业晶圆制造和封装测试龙头的地位，买入这两家公司的股票，等于买入中国半导体行业的未来。

2015年长电科技“蛇吞象”以小买大收购星科金朋之后，虽然一举获得了星科金朋的高端封测技术、国际客户资源及在新加坡和韩国的产能，但是也曾持续消化不良。从2015年直至2019年，星科金朋产能利用率一直严重不足，大幅亏损，拖累了长电科技的业绩。在2018年上一轮半导体行业低谷期，长电出现上市以来的首次亏损。

不过到了2020年，随着5G应用的加速，世界开始迈向万物互联的时代，需要处理海量的数据，半导体芯片的需求量也大增，新一轮半导体景气周期到来了。

半导体市场开始出现严重供不应求的局面，长电科技2015年收购的在当时显得过剩的产能终于派上用场。星科金朋在2020年扭亏为盈，整个长电科技的利润创下历史新高，在2021年利润继续快速增长。

我在2019年开始研究长电科技和中芯国际，可惜一开始觉得自己了解得不够深入，一直没敢买入，眼睁睁看着2020年两只股票股价不断创出新高。到了2021年年中的时候，两家公司的半年报利润创下历史新高，但是股价回调到了较低位置，这个时候我开始买入，而且准备长期持有，除非股价炒到很高，我可能会暂时卖出，等回调到合理价位还会再度买入持有。

四、理想和蔚来——造车新势力

这几年，中国出现了一些跨界进入汽车行业的新能源车公司，被称为“造车新势力”。其中蔚来和理想是最先实现在美股上市的两家公司，2018年9月，蔚来成为继特斯拉之后在美股上市的全球第二家、中国第一家电动车公司。两年后，理想2020年7月在美股上市。

蔚来2014年成立，专门生产高端电动车。蔚来自己没有整车厂，2016年和江淮汽车签订战略合作协议委托代工，2017年第一款量产车ES8上市，定价45万~55万元，2018年开始交付；同年在美股纽交所上市并发布第二款量产车型ES6，定价35万~45万元，2019年ES6开始交付。

蔚来创始人李斌是创办汽车网上销售平台易车网起家的，具备丰富的互联网创业和融资经验。可能是因为创始人的基因，蔚来极其注重营销和客户体验。公司二号人物总裁秦立洪也是营销出身，曾在快消品企业宝洁公司和地产企业的营销部门任职。

蔚来聪明地采用特斯拉成功的品牌路径，和一般传统车企先树立便宜的大众品牌然后向上逐步进入中高端区间不同，蔚来先创立高端品牌定价45万~55万元的ES8，然后逐步下沉到35万~45万元的ES6。这种打法的好处是只要头炮打响，品牌向下延伸比向上延伸容易。国内最成功的自有品牌传统车企吉利和长城，采取的都是品牌向上延伸的策略，先在10万元以下价格带站稳脚跟，然后向10万~15万元，15万~20万元价格带进军。长城汽车20世纪90年代就开始生产汽车，直到大约20年后的2016年底才推出“WEY”品牌，进入15万元中端价格带。长城汽车是国产汽车里面向上突破做得最早和最好的传统车企，可是直到2020年，“WEY”累计销量已经突破30万辆，长城汽车还没有上探到30万元价格区间。就像全球传统车市场一样，中国的30万元以上汽车市场大头基本被奔驰、宝马、奥迪和雷克萨斯四家占据。蔚来因为没有经营过传统低档品牌的历史包袱，一开始就从40万元以上高端区间切入，确实是非常大胆且有想象力，背后付出的代价是在品牌推广和客户服务体验方面砸入了巨大的销售成本。

蔚来从2016年签订代工协议到2020年上半年，总共投入370亿元，其中资本开支约76亿元，研发费用约136亿元，销售行政及一般费用（SG&A）约160亿元。最大头的开支不是建工厂，不是研发，而是销售推广费用。76亿元的资本开支里面，有很大一部分是投入在全国各大城市核心地段建立昂贵的NIO销售体验中心，加上这部分的话，实际上的销售费用更高。2017年12月在北京五棵松召开的蔚来ES8上市发布会，号称“包了8架飞机，19家五星级酒店，160辆大巴和1支出场费高达1 000万元的欧美顶级乐队做表演嘉宾”，从全国各地包行包住请来5 000名ES8准用户，一晚上就“烧了”8 000万元。这种高举高打的互联网式营销手法确实收到了效果，蔚来靠着ES8和ES6两款车型，到2020年上半年总共交付4.6万辆，在中国高端汽车市场初步站稳脚跟。蔚来在2019至2020年跟随特斯拉引领的电动车热潮，股价一路上涨，从2019年10月底的1元多上涨到2020年10月底的超过30元，一年上涨了20多倍。

蔚来的风险在于以下几点：

（1）没有自建工厂。从百年汽车史来看，主要产能依靠使用代工厂获得持续成功的汽车厂商没有先例，特别是豪华车。具备持续的核心创新能力的汽车品牌，不可能长期依靠技术无法保密的代工模式。一辆整车需要上万个零部件组合，汽车总装是量产的核心工艺之一。从质量稳定性来看，使用代工厂生产整车也不是一个可控性高的方案。车的使用寿命长达十年以上，又涉及人命关天的安全，对质量长期稳定性的要求极高。蔚来汽车2018年开始交付，至今不到三年，全生命周期的质量稳定性还有待时间验证。蔚来在2019年也曾想在很接近上海的地方建立自有工厂，后来一方面由于上海有了特斯拉项目后，蔚来项目变得可有可无，另一方面，蔚来自身资金链吃紧，于是蔚来在2020年把总部也迁移到了安徽，和江淮汽车的代工合作模式更加紧密。蔚来在未来依靠这种特殊的代工模式能发展到什么程度，是一个问号。

（2）成本竞争力弱。汽车厂只有做到规模效应才能真正实现盈利，就像特斯拉成立多年一直亏损，直到特斯拉Model 3放量成功后，财务才真正改善。当蔚来发展到要下沉到30万甚至20万元以下价格区间产品时，需要“挤毛巾”式地控制成本，这个时候还使用每台车都需要支付代工费（目前蔚来每部车付给江淮8 500元代工费）的代工模式，缺乏成本竞争力。

（3）企业基因里面营销文化过重。蔚来创始人是营销出身，而且企业一成立就要求从无到有创立高端品牌，在销售推广和客户体验方面必须过度用力才能确保豪华形象。但是豪华汽车毕竟和时尚服饰手袋不一样，除了形象要好，产品力也要能持续跟上。蔚来在销售和售后服务方面投入过重，会影响在产品研发和创新上的投入。

理想汽车2015年成立，2019年4月，理想首款车型理想ONE上市，同年12月开始交付，仅用10个月时间就创下国内造车新势力新车型最快交付两万辆纪录。2020年7月，理想汽车在美股上市，是国内第二家在美股上市的造车新势力公司。

理想创始人李想和蔚来创始人李斌一样，是互联网创业出身，之前成功创办汽车服务垂直网站“汽车之家”，对国内汽车消费者有深入了解。理想很聪明地切入国内大型SUV竞争相对较弱的30万元价格区间，同时很讨巧地采用增程式技术方案，号称是“没有里程焦虑”的电动车。2020年7月底上市后，三个月时间，理想市值在2020年10月底达到169亿美元，折合人民币1 100多亿元，市值超过了很多同时有几十款车型在售、年销量超过一百万辆的传统车企。

从2021年开始，会有大量的传统车企推出新款电动车，而同时会有不少燃油车6~7人座大型SUV新车型上市，在竞争开始变得激烈的时候，理想的第二款车型要在2022年才能上市，在未来一年多的时间，只有一款车型面对口味多变的消费者，理想ONE能否保持持续不错的销量充满了不确定性。毕竟增程式并非领先技术，既不是纯电动车，也要面对同样“没有里程焦虑”的燃油车的竞争。而股市的高估值，只要碰到销量回调就很难支持。

经过反复的烧钱再融资，蔚来现在的第一大股东是腾讯（14.3%），创始人李斌是第二大股东（12.7%）；理想第一大股东是美团的老板王兴（23.3%），创始人李想是第二大股东（21.3%）。就像汽车是成年人的大玩具一样，蔚来和理想可谓是背后大股东互联网巨头公司的一种“情怀”，以及想在未来电动车赛道占领重要一席之地的战略布局。不过情怀能否天长地久经受住持续的考验？战略布局值不值得无休止地烧钱？汽车品牌的成功树立往往需要数十年反复的考验，即使是电动车的公认品牌和技术创新领先者特斯拉，也是在创立十多年后集多年经验推出产品力和性价比都真正有竞争力的特斯拉Model 3才真正一飞冲天。特斯拉2012年制订的CEO激励计划，条件是“累计销量达到10万辆”。在特斯拉看来，只有达到10万辆销量里程碑才算站稳脚跟。对于没有技术创新优势，多靠营销发力的蔚来和理想来说，可能累计销量要到20万甚至30万辆才能说是站稳了。

汽车行业是变化多端的行业，新的品牌是否可以保持长期生命力需要时间的考验。在2020年10月，早在2003年就由众多汽车零部件厂家股东联合成立，曾经在2014—2017年以生产“中国保时捷”神车热销而风光无限的国产品牌众泰汽车，被债权人银行根据《中华人民共和国企业破产法》向法院提出申请重整。众泰汽车在2014年整车销售突破16万辆，在2016年的销量更是突破年销量30万辆，同年4月在A股借壳上市，市值在当年12月达到顶峰，接近400亿元，2017年曾经和福特签订合资协议成立合资公司，共同研发生产电动车。然而从2018年开始，新车型不再受到市场青睐，销量迅速下滑，到了2019年陷入债务危机，股价也从2016年底的最高点18.17元，在4年内暴跌超过90%。汽车行业是重资产投入的行业，而且要不断重金投入推出新车型去适应客户多变的口味，同时，最大的风险是，如果销量大幅下滑，花费巨资建造的产能将会形成财务“黑洞”。

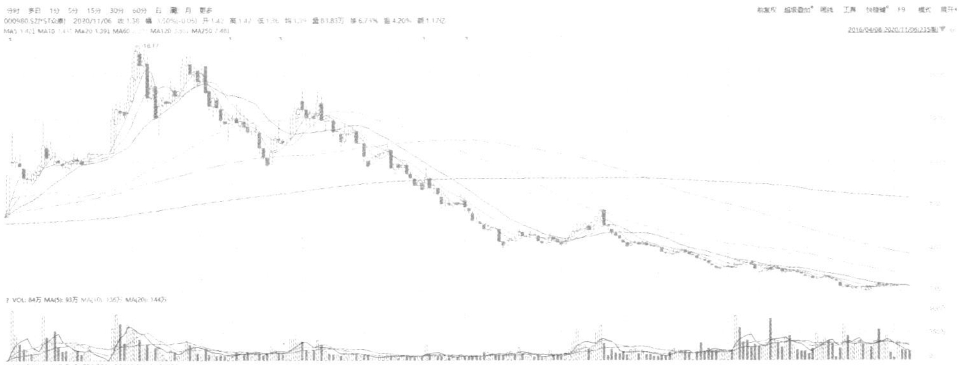

从2020年8月底开始，利檀投资开始尝试全球电动车股票配对做空策略。具体做法是买入相对低估的比亚迪做多，利用收益互换工具，用人民币沽空美股上估值明显泡沫化的蔚来和理想，买入持有比亚迪和沽空蔚来、理想的金额比例是100∶28。因为长线看好比亚迪在电动车行业的竞争力，做空同一板块相对基本面来讲估值过高的蔚来和理想，可以在全球股市电动车板块估值联动退潮时平衡波动，是对长线持有比亚迪的保护。

同时，港股大盘处在历史估值较低位，站在矮子大盘上的比亚迪相对低估；

而美股处在大盘历史估值高位，美股电动车板块从2019年下半年开始由特斯拉引领板块估值一路飙升，本来就处在历史高位的美股大盘上高上加高的电动车板块被严重高估，每个月销量只有5 000辆的蔚来在2020年11月初市值突破450亿美元（折合3 510亿港元），超过月销汽车12万辆（其中电动车6 000辆）的港股上市吉利汽车同期市值1 872亿港元接近一倍。按照这个估值，蔚来就好比在美股的电动车泡沫里裸泳，当板块估值热潮退却时，下跌空间会很大。

五、比亚迪和百度——新能源汽车竞争的上下半场领先者

新能源汽车的竞争可以分为上下半场，上半场是汽车电动化的竞争，下半场是汽车智能化的竞争。

国内企业里面，比亚迪是上半场汽车电动化的赢家，A股股价在2020年一年之内上涨了307%。而下半场汽车智能化的竞争，目前国内暂时领先的是百度。

我在2017年研究汽车行业时，对比亚迪并不关注，因为我印象中的比亚迪汽车品质一般，品牌力弱，影响力差。不过在2018年，当我开始深入研究新能源汽车的时候，比亚迪成功引起了我的兴趣。

在进入汽车行业的2003年之前，比亚迪只是一家做手机电池和手机零部件的电子公司。一家手机电池零部件公司竟然跨行业造汽车，在引起轰动的同时也引发了巨大的争议，很多人认为比亚迪是自不量力，到头来很可能会自讨苦吃。

当时的中国汽车行业基本没有自主品牌，比亚迪造车之前仅有一家民营汽车

企业吉利汽车，比亚迪是第二家民营汽车企业，当年中国的汽车市场是进口车和合资车的天下。我刚参加工作时的20世纪90年代中期，记得有一次同事开着一辆新的上海大众桑塔纳到公司，所有人都羡慕地看着他，就好像现在看到有人开着一辆法拉利跑车的感觉。记得我刚学会开车时，对开车上瘾手痒，到处找车来开，有一次亲戚借给我一辆吉利手动挡，我很兴奋地上车想开出去兜风，但是一上手挂挡踩油门，感受就像开拖拉机一样很不流畅，结果我连朋友家小区门都没开出去，就找个借口把车还回去不想再开了。我在1999年买的第一辆车是一汽大众的捷达，在2002年买的第二辆车是自动挡的海南马自达，也是合资品牌。

2003年的比亚迪老板王传福顶着内外压力进入制造业里面最重资产之一的汽车行业，外人当初觉得风险很大，但是王传福其实怀揣着一个巨大的梦想，就是利用比亚迪在电池的研发制造优势将来生产电动车。2003年，几乎没有任何人会相信电动车有朝一日能取代燃油车。18年后的2021年，我们回头看这个当年犹如痴人说梦一样的目标，确实应该由衷地佩服王传福作为企业家的远见卓识。

2017年我开始研究汽车行业，开亲戚买的长城哈弗H6，感觉和开合资品牌车相比已经没什么不同，国产品牌车大幅度进步迎头追上来了。进入新能源车时代，国产品牌更是利用后发优势，开始在合资品牌前面领跑。

在2019年我深入研究电动车行业之后，看好两家企业有望成为未来全球电动车行业的“霸主”：一家是品牌和技术领先的美国特斯拉，另外一家是自产电池和核心零部件拥有业内最低成本优势的比亚迪。

比亚迪创业初期进入手机电池行业时，用了短短七年时间就从零开始打磨出世界上成本最低、性价比最好的手机电池，击败日本同行成为手机电池行业霸主。中国工程师肯吃苦，是全世界性价比最高的工程师群体。技术出身的王传福率领中国工程师在手机电池零部件领域证明了自己，收购秦川汽车后迅速复制手机电池业的成功，通过垂直整合自主研发推出第一款车型F3就取得巨大成功。正是看中了比亚迪成功背后具备独特的“工程师红利”，2008年美国金融风暴席卷全球资本市场，比亚迪股价跌到8港元左右时，巴菲特和芒格出手买入接近10%的比亚迪股票。

巴菲特和芒格买入比亚迪股票后，中间经历过2012年，比亚迪汽车出现质量问题业绩大跌，比亚迪股价从80港元跌到9港元，巴菲特和芒格都一直持股不动。而比亚迪在经历了质量风波后深刻反省，持续进步，而且一直专注研发新能源汽车，终于在2018年凭借20万辆的年销量成为当年的全球新能源车销售冠军车企。

我在2019年买入特斯拉的同时，也在耐心等待买入比亚迪的时机。好公司也需要在好价格时买入才是好的投资，如果在2009年比亚迪股价上一个高位85港元买入比亚迪港股，十年过去到2019年9月，比亚迪股价也只有40港元左右，只是十年前的一半。

2019年下半年，国家对新能源车的补贴开始退坡，新能源车的销量大幅下滑。同时，比亚迪原有的燃油车型停止开发，进入寿命周期尾部，燃油车销量下滑，而比亚迪的新能源车新款还在准备期，刀片电池和新型混动车平台都还在量产前夜。通常一个车企在老款周期临近尾声，新品周期还未推出的时候是青黄不接销量最差的时间点，这时的股价往往会随着糟糕的业绩表现而下跌。

比亚迪的股价也随着新能源车销量的下滑，从2017年的80港元跌到了2019年下半年的40港元左右。好时机来了，我开始出手买入。我一般建仓买入一只重仓的股票都会分20~30次，大约在半年之内分批买入，我也喜欢在左侧买入，也就是和股价越跌越买的习惯有关系。左侧分批买入的好处是可以不断摊低买入成本，同时在买入的过程中进一步深入思考买入的公司是否值得重仓。当然股价是否在左侧很难判断，我在2019年6月买入特斯拉时，就因为分批买入时股价已经在开始起飞，没有买到足够数量，最终只获取小额收益。

在2019年下半年、2020年上半年分批买入的比亚迪，成为我在2020年度赚钱最多的一只股票。到了2020年第四季度，因为感觉全球新能源车泡沫越吹越大，有崩盘风险，为了保护对比亚迪的多头持仓，我同时做空了美股的蔚来、理想和小鹏这三只我觉得泡沫程度比比亚迪更大的新能源汽车股票，这种“配对做空”策略在2021年也取得不错的效果。

2020年持有的新能源汽车上半场电动化竞争赢家比亚迪股票表现不错，2021年，我开始寻找在新能源汽车下半场的智能化竞争中的潜在赢家。经过研究，我看好百度。

百度在中国互联网企业里面以技术领先闻名，特别是百度的AI人工智能技术在国内是领先的，百度持有中国最多的AI专利，是中国最大的AI公有云服务供应商。百度每年投入百亿元级别的研发支出，2020年研发支出达到195亿元，而百度庞大的研发支出集中在AI研究，包括大型AI实验室、大型服务器网络、自研

AI芯片和大型开发者社区等。

智能驾驶的本质就是AI人工智能，百度从2014年开始研究智能驾驶，截至2021年6月底，百度Apollo L4智能驾驶累计测试里程达到1 200万公里，一共获得278张自动驾驶测试牌照，在中国遥遥领先，在世界也排名前列。百度导航地图和高精地图在国内和阿里巴巴的高德并列双寡头，而百度通过领先的AI云服务能力打造的Apollo ACE智慧交通解决方案取得河北雄安的V2X车路协同互联高速路合同。截至2021年6月，有20个城市采用了Apollo ACE智慧交通方案。

早在2019年，首批45辆Apollo与一汽红旗联合研发的“红旗 EV” Robotaxi车队在长沙部分已开放测试路段开始试运营；2020年，Robotaxi落地北京，虽然限制了人数、座位、运营时间等，但接连的试运营动作已经看出百度想要将无人驾驶商业化落地的决心。紧接着来到2021年初，全球首款搭载Apollo技术的商用级无人驾驶电动巴士百度“阿波龙”在重庆开放试运营，随着嵌入Apollo技术的应用层产品层出不穷，无人驾驶汽车的商用价值将逐渐显露，未来量产指日可待。百度决心要在2025年之前，让自动驾驶全面商用，从而解决路面拥堵、车辆限行限购等路面问题，据2020年第四季度财报，Apollo Robotaxi和Robobus已接待乘客超21万人次，随着人工智能、大数据、云计算、5G等智能汽车核心技术的日趋成熟，自动驾驶预计迎来快速发展阶段。到2025年，Apollo Robotaxi有望成本降低到和网约车差不多的水平，届时有望大规模商用。

百度的自动驾驶可以通过和车企合作来变成现实，长城在2021年就宣布旗舰车型WEY的摩卡SUV在2021年下半年上市车型会配备Apollo自动泊车方案。

随着越来越多的车企配备智能驾驶方案来参与市场竞争，百度这一块业务有望爆发。

2021年3月以后，互联网公司股价纷纷下跌，百度的股价也跟随下跌。其实国家对于百度这一类科技创新型企业是大力扶植的，百度股价被误杀了。

2021年8月，百度港股股价跌到160港元以下，比3月份的250港元跌去接近40%。百度有1 700亿元现金，市值只有大约4 000亿元，市盈率只有不到10倍，非常低估。我在2021年8月开始逐步分批买入百度。

六、汽车智能化：谁是未来的赢家

2021年全球的新能源汽车销量快速增长，5月份中国新能源车销量占比达到11.4%，突破了10%的重要关口。当年智能手机就是在销量占比突破10%以后，开始凭借碾压式的性能优势持续高速增长而替代传统手机的。预计到2030年，中国新能源车销量占比有望达到70%。

如果把截至2020年底的新能源汽车竞争称为上半场的话，上半场的竞争主要集中在电动化，包括电机、电池和电控。上半场电动化的全球竞争，最大赢家是特斯拉、宁德时代和比亚迪。

特斯拉是电动车时代的引领者，从2008年成立以来，专注电动车研发，是全世界首家实现量产中高端电动车的车企。“特斯拉=电动车”的品牌形象在全世界消费者的心目中牢牢建立，就像当年的“苹果=智能手机”一样。

宁德时代抓住了动力电池大发展的机会，在全世界动力电池市场占有接近一半的份额。

比亚迪则是全球唯一拥有自有动力电池产能的车厂，而且在电机、电控和电池三电领域及车用功率半导体等电动车主要领域，全部自主垂直整合研发生产，是全球成本最低、毛利率最高的电动车厂，也是唯一生产电动车不亏钱的车厂。

从2021年开始，电动车竞争进入下半场智能化竞争时代，汽车智能化的两大领域是智能驾驶和智能座舱，而最大的核心竞争力来源于指挥汽车的智能芯片和算法软件，就像电脑最关键的是芯片和软件一样。

在汽车智能化竞争中，特斯拉本来凭借自己的先发优势及美国全球领先的芯片和IT软件研究地位，自主研发智能化芯片设计和算法，在智能驾驶的竞赛中遥遥领先。当赛道从传统燃油发动机和变速器切换到芯片和软件上的时候，特斯拉所处的加利福尼亚毗邻硅谷的巨大优势，让欧洲和日本的传统汽车厂商们望尘莫及。目前全球使用最多的汽车智能驾驶芯片和智能座舱芯片都来自美国企业，驾驶芯片市占率最高的是MOBILEYE（英特尔旗下子公司）和英伟达，座舱芯片市占率最高的是高通。特斯拉最初的自动驾驶芯片采用的是MOBILEYE的芯片加算法的一体化解决方案，不过从2016年开始，志存高远的特斯拉转而和开发平台英伟达芯片合作，采用自研的算法。2019年，特斯拉进一步采用自己直接和晶圆厂合作的自研FSD芯片；2021年，特斯拉联手三星开发5nm自研FSD芯片，完全采取苹果手机的打法，自研芯片打造自主的产品生态系统。

在智能驾驶领域，美国投入研发时间最长、技术最领先的企业不是特斯拉，而是谷歌旗下的Waymo。Waymo是谷歌在2009年开始自动驾驶研究部门的名字，2016年谷歌把这个部门独立成公司。Waymo的自动驾驶道路测试总里程在2020年1月达到3 200万公里（2 000万英里），其中第一个1 600万公里用了10年，第二个1 600万公里只用了一年。到2021年，Waymo的自动驾驶道路测试总里程超过5 000万公里。Waymo完全实战的美国凤凰城无人出租车服务从2019年初开始到现在已经顺利运营超过两年，谷歌公司过去10年累计向Waymo公司投入超过60亿美元（大约380亿元）。

美国和中国是全球互联网技术和人才排名在前两位的国家，在智能驾驶这个赛道上，美国有谷歌的Waymo，而中国有同样是互联网搜索巨头百度打造的阿波罗计划。谷歌开始智能驾驶的项目，有谷歌地图的成功铺垫，而百度地图在中国同样是家喻户晓的。智能驾驶是网购云数据分析这个赛道之后对AI智能最有需求也最有挑战性的赛道，而网购云数据分析的赛道胜负已分。美国的亚马逊和中国的阿里巴巴凭借各自的电商领先平台取得的海量数据，各自孵育出在美国和中国最先进的亚马逊云和阿里巴巴云服务业务。错过了电商数据的竞争，谷歌和百度都不想错过智能驾驶数据的赛道。百度在2014年开始自动驾驶技术的开发，目前是中国国内拥有自动驾驶牌照最多的公司。截至2021年3月底，百度累计L4自动驾驶道路测试总里程突破1 000万公里。

谁是未来汽车智能化的赢家?

比赛才刚刚拉开序幕，一切还是未知数。比较确定的是，中国汽车企业面对欧美日韩车企，在过去百年的燃油车时代一直落后，不过在新能源车赛道上半场电动化竞争中发挥后发优势，站在了第一梯队的位置，相信在下半场的智能化竞赛中，中国车企可以利用上半场的先发领先优势，继续保持在全球第一梯队的位置，彻底确立中国车企的全球地位。而能利用电动化和智能化优势走向全球市场的中国上市车企，我个人比较看好的是比亚迪、上汽、长城和吉利这四家。

七、牧原和中粮家佳康——猪周期

我们日常生活的衣食住行，很多都和上市公司的产品有关系。民以食为天，中国人每年要吃掉约7亿头猪。

中国有世界上最大的猪肉需求，相应也有世界上最多的养猪场，很多养猪企业规模做到足够大了之后就开始上市。主要的中国养猪A股上市企业有：牧原、正邦、温氏、新希望和天邦等13家，如下图所示。

公司	生猪出栏量（万头）	销售收入（亿元）
牧原	1811.5	550.65
正邦	955.97	348.34
温氏	954.55	398.3
新希望	829.25	250.08
天邦	307.78	90.27
大北农	185.04	70.27
傲农	134.63	-
天康	134.5	36.79
唐人神	102.44	25.64
金新农	80.36	21.5
龙大	31.85	11.75
罗牛山	15.39	6.29
正虹科技	7.19	2.68
合计	5550.45	1812.56

A股的牧原股份（002714.SZ）和港股中粮家佳康（01610.HK）分别是A股和港股上的养猪龙头股。

牧原股份是为利檀投资基金收益做过很大贡献的一只股票，我们在2018年开始关注到牧原股份这家公司并在2018年下半年逐步建仓买入。

中生猪养殖集中度低，大多数是农户散养，具有强烈而有规律的价格周期性。观察2002—2020年十八年的猪价数据可以发现，猪价大概四年为一个完整周期，两年涨两年跌，周而复始。背后的原因是，当猪肉价格向上时，会加大饲养力度，养猪供应量增加；当供应量超过需求量形成供大于求拐点，猪肉价格开始下跌，越跌养猪户越着急甩卖，供应量进一步加大，造成猪肉价格进一步下跌，直到跌到大多数养猪户亏损，大家开始减少养猪，供应量收缩，当供应量小于需求量形成供不应求拐点，猪肉价格开始止跌回升，下图为22个省市2002—2022年生猪平均价格。

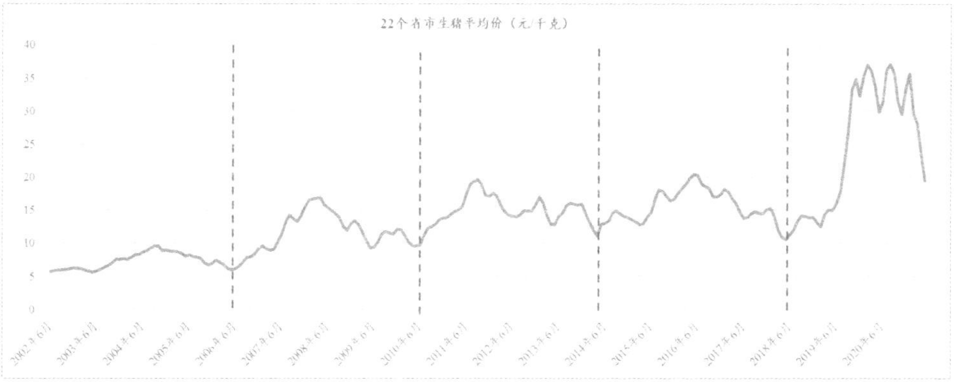

数据来源：Wind

2018年下半年我们注意到，猪肉价格从2016年上一个周期高位每公斤20元跌到2018年7月的大约10元，绝大多数养猪户开始亏损，大规模养猪企业利润也几乎降到零甚至亏损。行业处于底部时是买入周期股的最好时机，我们开始把目光投向养猪行业，这个时候，牧原股份引起我们的关注。

牧原是A股所有上市企业里面养猪成本最低、毛利率最高的。养猪是没有品牌效应、拼成本的商品行业，对于商品企业，成本控制力是最关键的核心竞争力。成本最低的商品企业，当别人都亏钱时，当同行都开始收缩时，还可以逆势扩张，无论处于行业顺境还是逆境，都可以快速成长。

牧原自2014年上市以来，一路扩张，营收从2014年的26亿元增长到2017年的100亿元，一直在用百米冲刺的速度跑马拉松。2015年，牧原的生猪出栏量只占到全行业的0.5%，2017年已经迅速增长到1.8%，市场份额是全国第二名，仅次于温氏，不过成长速度远远超过温氏。温氏的生猪出栏量在2015年占全行业的2.2%，在2017年只小幅涨到2.8%。

我们在2018年上半年开始研究牧原时，正值猪肉周期低谷，养猪企业利润低迷，整个行业无人关注。不过，越是没人注意的行业，估值就越低，如果能从中挖掘出未来能快速成长的企业，股价就有可能上涨数倍成为大牛股。如果已经是所有人都在追逐的大热门板块的龙头股，估值分位数往往会在历史较高位，基本意味着很难有持续的收益，当企业利润增速放缓引起估值下跌的时候，会形成戴维斯双杀，股价大幅下跌。我们需要寻找的是形成戴维斯双击股价大幅上涨的股票，就要在行业低迷和公司低谷的时候深入研究，大胆买入其中最有成长潜力的公司，享受到公司从底部向上复苏时的利润增长加速，引起关注后逐步有越来越多的资金参与进来，估值不断抬升，达到最美妙的戴维斯双击。股价涨数倍的大牛股也可能各有不同，但是股价上涨路径和因果关系基本都是一致的，需要在早期介入才能获得最大收益。

我们在2018年下半年逐步买入牧原，买成基金的重仓股之一。不过在整个2018年猪周期都还在低谷期，牧原股价基本没涨，持有牧原并没有赚钱。但是对养猪行业的跟踪调研，已经让我们可以很确定地判断，随着2016年以来的各地治理环保的严厉政策的推行，大批小型猪场被迫关停，这一轮的猪周期会出现史无前例的供应紧张，猪肉价格也会涨到难以想象的高位。

记得2019年春节，猪周期即将拐头向上，猪肉价格在需求量最大的春节反倒价格更便宜了。不出所料，2019年春节过后，猪肉价格开始逐月走高，猪周期上行期果然来了，而且是前所未有的强劲上涨。到了2020年春节，生猪价格竟然涨到了37元一公斤，市场猪肉零售价突破了40元一斤。

还好，我们持有的牧原股价也随着猪周期向上而在2019年一路上涨，2019年全年涨了大约两倍，2020年又在这个基础上继续涨了大约一倍，比我们在2018年下半年买入价格涨了大约五倍。

2020年8月，生猪价格达到历史最高点37元每公斤后，这一轮猪周期开始向下了，生猪价格开始逐月走低。不少券商预测猪周期时间可能比历史的四年一周期拉得更长，时间曲线变得不一样。特别是2020年底、2021年春节前夕消费旺季时，猪肉价格短期回升了两个月，当时有一些券商研究所的观点是，猪价在2021年可能会打破猪周期从高位下跌要持续大约两年的传统规律，2021年猪价大概率会继续维持高位。随着猪价在2020年12月反弹，牧原股价也随之反弹，并在2021年2月跟着一波大盘普涨行情顺势上涨到历史高位92元（前复权），比起上一轮猪周期最底部2018年7月时的10元，短短两年半时间涨了约8倍。

我们在2020年下半年逐步清仓牧原，把原来在牧原的仓位换到了估值低得多的港股养猪龙头股中粮家佳康。家佳康大股东是中粮集团，中国最大的粮油食品企业。中粮家佳康和牧原一样是行业成本最低的养猪企业之一，甚至成本比牧原还低，2020年家佳康养猪头均利润超过两千元。家佳康能做到行业成本低位的原因有：

（1）公司和牧原一样采取自繁自养模式，养猪效率比竞争对手温氏、新希望、天邦等公司+农户合作的养殖模式高；

（2）猪饲料占到养猪成本的大约50%，中粮家佳康采购猪饲料时和母公司中粮集团共享信息和渠道资源，根据情况灵活运用远期套保等工具，饲料采购成本保持行业低位；

（3）公司能繁母猪里面效率高的二元母猪占比达到90%，效率低的三元母猪占比低过竞争对手很多；

（4）公司养猪场土建和设备投资强度大、标准高，采用“母猪区+保育育肥区”两点式布局，有助于提升养猪效率和猪瘟防疫；

（5）公司从饲料到养殖、屠宰及终端零售形成全产业链内部物资人员流转，有利于统一管理防控猪瘟。

中粮家佳康另外一大优势是，公司以“家佳康”品牌面对终端客户销售生鲜猪肉，自家屠宰场的生鲜肉在2020年39%是以自有品牌销售，实现从养殖、屠宰到终端销售垂直一体化经营。同时公司经营进口肉类，依靠母公司中粮集团的全球网络，从世界各地进口牛羊猪肉，结合自家产的猪肉一起供货给终端渠道，容易和终端渠道建立强黏性。

2020年下半年，我们买入中粮家佳康时，觉得当时价格实在是太便宜了，市值大概100亿元。即使在估值一向很低的港股，这个价格也显得太便宜了。

不过中粮家佳康的股价到了2020年底竟然进一步跌到了2.3港元，动态市盈率只有两倍，意味着两年的利润就可以赚回整个公司市值。之后在2021年2月，家佳康股价随着猪价反弹及大盘向好短时间也冲到过5.9港元的历史高位，不过很快就随着猪价的下跌而又跌回到2021年7月的2.5港元。我们逐步清仓了家佳康，在家佳康这只股票上基本打平，没有挣到钱。至此，我们从2018年6月开始对养猪股三年的操作暂时告一段落。

复盘这三年对养猪股的操盘，我们总结的经验教训如下。

（1）最终强大的还是周期的力量。曾经我们觉得大型的养猪场市占率迅速提高，可能会打破往年一轮猪周期大约四年一轮回的规律。不过，到头来我们发现，强大的还是周期。这一轮周期生猪价从2018年5月的低位10.6元每公斤起步，在2020年8月达到周期最高位37.2元每公斤，之后就一直下跌至今到2021年6月的14.9元每公斤，延续了涨两年再跌两年的过往周期规律。

（2）不能太相信券商报告的数据和结论。影响猪肉市场价格的是全球千千万万的散户和大小养殖场，其中有些数据很难采集精准，特别是市场变化较大的时候。比如2021年初，不少券商报告中猪饲料价格在2021年同比大幅上涨，成本上升很快，猪价下调不易；行业三元母猪淘汰量大，影响能繁母猪数量，综合以上因素不少券商预测，2021年生猪供应依然偏紧，猪价会保持较高位置。结果从2021年2月开始猪价就快速下行，到了6月甚至跌破15元的全行业最低成本线，2021年6月份出现养猪全行业亏损的局面。

（3）不能太相信业内企业的预测。2020年，养猪行业上市公司高管普遍对2021年的猪价预测偏乐观，而且这种乐观不只是体现在和投资者的交流会，还体现在各大养猪企业实打实的大手笔真金白银投入去扩产。2019年和2020年，各大猪企都赚得盆满钵满，养一头猪的平均利润达到2 000元。上市猪企全部大举加大借债扩张产能，也造成当2021年猪价快速下跌后巨亏，2021年半年报预告业绩，新希望预亏30亿元，温氏预亏23亿元，正邦预亏13亿元，天邦预亏6亿元，大举扩张遭遇行业退潮的向下周期是最伤人的。

为什么猪周期都是大约四年内？这次非洲猪瘟也没能改变四年一度的猪周期，背后原因是千古不变人性的力量。与其说，强大的是猪周期，不如说，不变的是人本性。我们需要思考的是，下一轮猪周期向上拐点什么时候到来？当猪周期向上拐点到来之时，就是再次买入养猪企业股票的最佳时刻。

第六章

个股案例分析

一、贵州茅台

消费品公司如果拥有一个知名品牌，通常毛利率高且现金流好，是很好的商业模式。

消费品行业中的食品行业具有产品快速消耗属性，需求可以持续循环，知名食品品牌通常市场需求稳定，周期性不强。消费品行业中经过历史积淀且能给消费者带来身份识别标志的产品，则有特殊的价值，可以享有奢侈品的品牌溢价，好的限量奢侈品还具备收藏升值的金融属性。

集以上三项消费品的顶级特质于一身的贵州茅台，可谓是A股价值投资者心目中皇冠上最亮眼的钻石。

贵州茅台自2001年8月上市，按照上市首日股价34元，总股本2.5亿股计算，当时市值85亿元。时隔十九年后的2020年8月，茅台市值上涨到21 000亿元，其中还累计分红了971亿元。当年如果买入市值10万元的茅台股票一直持有，十九年后市值变成2 470万元，当中还分红了114万元，10万元变成2 584万元。

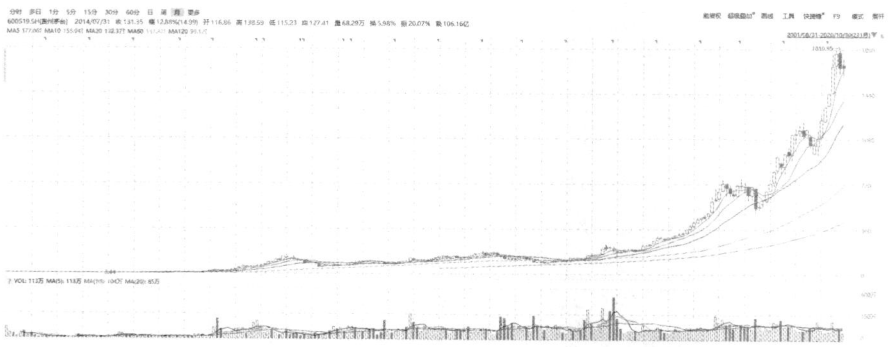

茅台股价十九年涨246倍的背后，是公司业绩持续增长。2001年上市的第一年，茅台净利润3.4亿元，在2019年净利润达到约440亿元，比上市第一年上涨了128倍。一家上市公司，只要利润长期能够保持增长，股价也一定会持续上涨，这是股市的基本原理。

不过，再好的公司也不可能一帆风顺，年年增长。茅台在2013年至2015年也曾经连续三年业绩增速下滑，从2012年之前的高速增长到了2013年营收和净利润增长都明显减速，2014年继续下滑，2015年净利润基本没有增长。茅台的市场零售价从2012年超过2 000元一路下跌到了1 000元以下，还不限购。茅台的股价也相应地从2012年最高的260元跌到2014年初最低的110元。

贵州茅台 600519.SH　1758.37　-0.87%　财务摘要

报告期	2018-12-31	2017-12-31	2016-12-31	2015-12-31	2014-12-31	2013-12-31	2012-12-31	2011-12-31	2010-12-31
	年报	年报	年报	年报	年报	年报	年报	年报	年报
数据来源	合并报表	合并报表	合并报表	合并报表	合并报表	合并报表	合并报表	合并报表	合并报表
∨ 利润表摘要									
营业总收入	77,199.38	61,062.76	40,155.08	33,446.86	32,217.21	31,070.60	26,455.34	18,402.36	11,633.28
同比(%)	26.43	52.07	20.06	3.82	3.69	17.45	43.76	58.19	20.30
营业总成本	25,866.03	22,122.75	15,889.46	11,291.74	10,117.34	9,282.06	7,627.70	6,069.57	4,472.85
营业利润	51,342.99	38,940.01	24,265.63	22,158.99	22,102.97	21,791.54	18,830.74	12,336.16	7,160.91
同比(%)	31.85	60.47	9.51	0.25	1.43	15.72	52.65	72.27	17.86
利润总额	50,827.60	38,740.07	23,957.88	22,001.71	21,882.34	21,432.36	18,700.49	12,334.66	7,162.42
同比(%)	31.20	61.70	8.89	0.55	2.10	14.61	51.61	72.21	17.79
净利润	37,829.62	29,006.42	17,930.64	16,455.00	16,269.37	15,964.90	14,008.45	9,250.32	5,339.76
同比(%)	30.42	61.77	8.97	1.14	1.91	13.97	51.44	73.23	17.28
归属母公司股东的净利润	35,203.63	27,079.36	16,718.36	15,503.09	15,349.80	15,136.64	13,308.08	8,763.15	5,051.19
同比(%)	30.00	61.97	7.84	1.00	1.41	13.74	51.86	73.49	17.13
非经常性损益	-381.82	-144.72	-236.33	-113.78	-171.03	-314.89	-93.29	-1.55	0.97
扣非后归属母公司股东的净利润	35,585.44	27,224.08	16,954.69	15,616.87	15,520.83	15,451.53	13,401.37	8,764.69	5,050.23
同比(%)	30.71	60.57	8.57	0.62	0.45	15.30	52.90	73.55	17.23
研发支出	385.84	434.88	609.61	657.23	652.19	647.26	632.31	23.44	21.84
EBIT	51,353.95	38,873.58	24,243.51	22,087.57	21,488.45	21,360.38	18,406.66	11,982.03	6,983.86
EBITDA	52,529.38	39,999.41	25,177.70	22,935.71	22,245.25	21,916.68	18,841.46	12,330.14	7,269.43

2013年至2015年，茅台市场零售价从不到1 000元的低位逐步走高，直到2020年接近3 000元还供不应求。随着茅台零售价的走高，茅台公司的营收和净利润增速恢复高增长，茅台的股价也从2014年初触底后一路走高，直到2020年，茅台总市值超过2万亿元，成为A股最大市值公司。

不过，当茅台已经成为A股第一大市值公司的时候，对茅台未来股价的预期反倒要开始谨慎起来。

在市值达到2.1万亿元后，茅台的估值已经接近50倍PE。横向对比，按照国际上对标烈酒公司估值，第一烈酒集团帝亚吉欧（A股水井坊控股股东）旗下众多品牌产品行销全球180多个国家和地区，营收是茅台的一倍多，2019年净利润是茅台的60%多点儿，按照2020年10月底股价市值5 220亿元，只是茅台的25%左右。帝亚吉欧过去10年PE在20~30倍，大大低于现在茅台的50倍PE。纵向对比，茅台的50倍PE也达到自身的十年最高。

从库存周期来看，由于茅台具有金融投资品的属性，在茅台市场零售价2014年触底跌破1 000元到一路走高至2020年突破3 000元的6年时间里，博取茅台价格上涨利益的库存不断增加，包括渠道库存和个人库存。具备投资属性的高端茅台2019年出厂销售大约7 000万瓶，其中真正喝到消费者肚子里、消耗掉的瓶数很难估计。

喝高端白酒的中国城市人口，男性成年人总数约3亿人，一年7 000万瓶意味着平均5名城市成年男子一年会买入一瓶3 000元的茅台酒，可是你观察一下身边，平时有喝3 000元一瓶酒的机会真的是少之又少，每年大比例出厂的茅台酒被囤起来等升值是很有可能的。但是投资属性金融品价格不可能永远走高，毕竟茅台酒是每年大量生产，产量还是年年增长的商品。黄金的价格都有周期波动，茅台酒的价格也会有周期波动。当茅台酒的市场价上涨幅度持续大幅超越收入的增长速度后，价格见顶就是时间问题，3 000元的茅台离见顶时间可能也不会太长了。

当茅台市场价开始进入下跌周期后，整个社会在之前价格上涨周期沉淀的大量库存就会不断被释放，导致价格进一步下跌。茅台市场价格下跌周期会带来茅台公司利润增长进入下行周期，届时可能出现利润和估值的双杀，影响茅台股价。2012年至2014年，茅台股价随着市场零售价下跌周期曾经出现过股价腰斩，未来的某天重演类似一幕也是有可能的。

利檀投资2013年9月发行的利檀1期，2014年10月发行的利檀2期，2015年1月发行的利檀3期，三只基金产品都从一成立就持续买入茅台成为持有的重仓股。

二、开润股份

2020年的疫情让很多行业受到巨大影响，首当其冲的就是旅游相关行业，因为大家都减少了外出活动，与出游相关的公司业绩大幅下滑，股价跌到了谷底。

不过，价值投资者一般都会逆向思考：只有估值低，安全边际才会高。而且价值投资者一般都倾向长期持股，不介意买入在低谷期跌得很便宜的行业股票，然后安心持有。如果不是未来会逐渐萎缩甚至消亡的行业，如载客马车产业链，在行业低迷期买入股票，耐心等待行业复苏周期到来，公司业绩一旦提升，股价自然会上涨。

2020年下半年，我开始找寻所受影响严重，但是在未来确定会恢复的行业股票。

在创业板上市的小市值公司开润股份进入了我的视野。

开润是一家做电脑包和旅行箱包的企业。箱包行业是非常传统的轻工行业，国内的传统行业创业者普遍缺乏互联网创新思维和全球化眼光，当企业发展到一定规模时难以再上新的台阶。而企业规模做不大，就无法上市募集资金或者找银行大金额贷款来进一步拓展业务。

开润的创办人范劲松原来任职联想集团的采购经理，2005年以10万元起家开始创业，带领一群从IT、互联网和外企跨界出来担任传统行业的管理层，以互联网和国际化思维改造提升传统的箱包行业，取得快速发展。开润2016年12月成功登陆A股创业板，并在2019年发行可转债，在2020年定向增发新股，4年间从股市募资超过12亿元，同时上市企业从银行借钱也相对容易。

有了资金的支持，加上超越同行的生产管理效率和国际化的营销水平，开润迅速成长为国内箱包行业的龙头企业，收入和利润实现高速增长。2013—2019年，收入由2.95亿元增长至26.95亿元，年复合增长率达到44.57%。

在TO B箱包代工业务方面，开润以数字化管理提升传统工厂效率，以时尚设计提升传统产品价值，2007年自建箱包工厂以来，迅速发展为全球最大电脑包代工企业。近年来又把品类拓展到运动包、背包、休闲包，成为国际大牌VF、迪卡侬、联想、惠普、华硕、戴尔等箱包的主要代工企业。2015—2019年，公司TO B箱包代工收入由4.45亿元增长到13.19亿元，年复合增长率为31.21%。

开润2019年收购印尼最大的耐克运动包代工厂。2020年在A股定增股票发行成功，提供资金扩大印尼工厂产能，新产能2021年底（118条新生产线）和2022年（120条新生产线）分两期交付使用。对于TO B代工业务来讲，除了高效率的运营以外，产能是很重要的，不断扩建新的产能，有助于加快交货速度和接收大批量订单，增加在客户方面的结单议价能力；而有业内较强的销售能力，不断从客户那里获得更多的新订单，把新产能充分利用，就能形成新的增加产能，带来更多的增加订单，从而形成更大的生产规模来摊低成本，然后销售人员可以凭借比竞争对手有优势的成本和交期提高客户黏性，获得更多订单，从而形成更快交期、更低成本、更多订单的良性循环，企业业绩就能保持不断增长。

TO C消费者业务方面，开润从2015开始进入小米生态系统，通过和小米合资（公司控股）推出“90分”品牌，几年内就迅速成长为国内销量最大的箱包品牌，并在2019年把“90分”和小米品牌区分，由公司独立经营。开润在2020年进一步推出单价300元以下的“大嘴猴”品牌覆盖低端箱包市场，和单价300元~800元的“90分”品牌形成产品矩阵。2020年开润的TO B业务大约占营收6成，TO C业务营收已经提升到大约4成。2015—2019年，TO C自有品牌箱包收入由0.49亿元增长到12.87亿元，年复合成长率达到惊人的126.1%。我看好开润将来有潜力进一步向800元以上高级箱包市场突破。

2020年，开润切入针织面料服装领域，收购了上海嘉乐。针织面料服装是纺织领域ROE回报最好的细分领域。公司成为上海嘉乐的最大股东后，开始从面料设计环节提升公司产品价值，我看好开润的针织面料服装业务可以复制在传统箱包行业的成功路径。

我在2020年下半年开润公司市值跌破70亿元的时候开始逐步建仓买入，由于疫情恢复的不确定性，我把买入的节奏刻意放得比通常慢。开润的市值在2021

年下半年进一步跌到了大约40亿元。虽然我已经是采取更慢节奏的分批缓慢建仓，但是疫情的结束时间超过了我的乐观预计，开润作为最受其影响的行业股票之一，股价从2020年到2021年都一直持续下跌，2021年下半年我的开润持仓浮亏超过了20%。

如果看好一只股票，对公司未来的盈利前景看好，当然应该在公司股价不断走低的时候不断买入。市场是非常短视和情绪化的，当一个行业、一家公司在低谷期，股价不断下跌时，市场一定会把悲观情绪放大，股价一定会超跌，到最后甚至完全没有理性的下跌，好像这个行业过几年就不复存在了。相反，当一个行业、一家公司在上升周期时，股价不断上升，市场也一定会把乐观情绪放大再放大，股价一定会涨过头，到最后甚至会形成整个行业的估值泡沫。

我相信，箱包用久了一定会磨损，时间长了一定需要更换新的箱包，而只要人们还要出门，箱包行业就一定会有市场需求。开润作为箱包业龙头公司，当未来行业复苏的时候，就一定能恢复往日的业绩。

开润在2020年除了增发新股票以外，还加大了从银行的借款，其现金从2019年底的4.2亿元增加到10.5亿元，比起2018年底的2.4亿元更是增加了8亿多元。可见在行业最困难的时候，开润已经准备好了粮草弹药在扩大产能，这也是我欣赏的一点。

当行业持续低迷，大多数竞争对手或是被困境吓到没胆，或是被困境消耗到没钱，整个行业的产能就会大幅收缩，这个时候，如果企业未雨绸缪在低谷期已经储备好充足的资金可供扩张使用，同时有勇气能够逆周期在行业最低迷的时候选择扩张，就一定能在行业复苏时占得先机，赢得更多的市场份额。

开润在国内甚至全世界同价位的箱包企业中具有很强的竞争力，而开润的管理层平均年龄40来岁，年富力强，锐意进取，不断加深公司在行业内的护城河。在2021年8月我写这段文章时，开润股价跌到16.5元每股，比三年前2018年6月创出的最高股价45元（前复权）跌掉大约三分之二。除了受到疫情影响业绩下滑的原因以外，A股的资金偏好从2017年开始转移到大盘股，100亿元市值以下的小盘股估值从2020年下半年开始跌到历史低位，让开润的估值雪上加霜，被打压到最低。

不过我在这个价位继续加码买入，我预计随着2022年全球经济逐步恢复，箱包销售终会触底反弹，届时开润在行业低谷期投入的新增生产线就会派上用场，业绩会大幅转好。同时如果开润可以成功整合新收购的针织面料服装业务，长期来看，开润的成长故事可能才刚刚开始。

开润股份是我管理的基金正在持股的标的，这里需要郑重提醒读者，本文只供做行业探讨和股票投资思路的分享，读者切勿照搬操作，没有经过自己的深入分析而贸然买卖股票风险是很大的。

三、特 斯 拉

利檀投资投研部在2017年开始研究汽车行业。当时新能源车行业刚刚兴起，汽车行业内主流看法远没有达成未来新能源车会全面取代燃油车的共识，我们在

2017年买入的汽车股也不是新能源汽车股，而是传统车厂长城汽车。

进入2018年，我开始意识到新能源汽车会是汽车业不可阻挡的未来方向，于是亲自牵头在公司投研部门成立了新能源车小组，在这个赛道找寻合适的投资标的。

汽车行业是产值规模最大的行业之一，从整车到上游的零部件供应商，有很多的上市企业。研究汽车行业，面对众多的相关上市公司，我觉得最有效率的做法是先从行业龙头的整车上市企业开始切入。

研究A股和港股的公司，我们会同时研究全球的同行对标企业。研究汽车行业的时候，很自然地，我们把目光投向了美股上市的特斯拉。

特斯拉2003年创立，2004年马斯克成为公司大股东和董事长，2010年在美股纳斯达克上市，市值大约60亿美元。特斯拉2008年推出世界上首款以锂离子电池为动力的电动汽车——Roadster跑车，百公里加速时间仅为4秒，续航里程约为390km。特斯拉Roadster证明了一个概念，即电动汽车可以同时具备实用性和高性能。

特斯拉2010年在美股纳斯达克上市，由于只有一款价格昂贵，售价超过10万美元一辆的超豪华电动跑车在售，2012年全年销量只有922辆，不足1 000辆，特斯拉只能算是前途未卜确定性不高的初创车企。从2010年上市到2012年底，特斯拉市值一直横盘在大约60亿美元。

特斯拉推出的第二款车型Model S，属于售价超过6万美元的豪华车，价格比起第一款超豪华跑车相对亲民。Model S在2012年6月开始交付，在2012年底荣获北美年度车型大奖，2013年销量不断提升，2013年全年销量达到19 349辆，接近两万辆，销量上了一个大台阶。

2013年5月，特斯拉公布2013年Q1季报，是上市以来第一次季度盈利，股价应声上涨。Model S热销加上第一次取得季度盈利，市场开始把特斯拉认为是未来有可能颠覆传统车企的赢家，特斯拉市值从2013年5月初公布2013年第一季度盈利报告的60亿美元上涨到2013年10月底的350亿美元。

2014年6月，特斯拉在美国的第一家自建超级工厂破土动工，里面包含了和松下的合资电池厂，完全建成后电动车产能可以达到50万辆。2014年9月，特斯拉的市值进一步上涨到570亿美元，然后在2016年底回调到356亿美元。

2017年7月之前，特斯拉的主力车型是Model S 和Model X，都属于平均价位在6万美元以上的豪华车，不是大众车型，销量受到限制。虽然特斯拉在2008年成立之后，销量从零开始每年保持高增长，但是因为没有走量车型，到了2016年全年销量也只有7.6万辆。汽车是极度讲求规模效应的行业，销量小意味着成本高、利润低甚至亏损。特斯拉确实从成立到2016年，每年都亏损，所以急需一款便宜的走量车型来扩大销售规模。

2016年4月，历经多年研发，特斯拉公布售价3.5万美元的走量车型Model 3，引起了市场轰动。本来很多车迷对特斯拉的电动车都很向往，只是碍于Model S和X的高昂价格，一直没法享受到特斯拉的高科技感。当实现真正大众价格的Model 3在2016年4月开始接受预订，短短一周之内，预订数量就超过了惊人的30万辆，证明了特斯拉产品具有极大的市场需求。

随着Model 3在2017年7月实现量产，特斯拉的市值从2016年底的大约356亿美元上涨到从2017年6月的大约770亿美元。市场预期Model 3会取得成功，特斯拉会成为一个真正有规模销量然后逐步有利润的车企。

不过，从2017年7月开始量产后，因为特斯拉在设计Model 3的生产线时太追求自动化以提高效率、降低成本，导致一些自动化设计太过超前，实际运作时无法顺畅运转，马斯克承诺的提升周产能计划多次未能实现，Model 3的交付期一再延误。特斯拉跌入“产能地狱”，特斯拉市值也在达到2017年6月的高位770亿美元后不断下跌。

到了2019年初，特斯拉好不容易把Model 3的生产线理顺，从“产能地狱”爬出来，实现Model 3的月产量超过2万辆，累计销售总量达到20万辆，但很多专业人士开始预测在2019年刚走出“产能地狱”的特斯拉可能会遭遇“需求地狱”。

从“产能地狱”到“需求地狱”，备受煎熬的特斯拉市值从2017年7月的历史高位770亿美元跌到了2019年6月的346亿美元，腰斩都不止。

我们在2018年开始研究特斯拉，2019年特斯拉的股价大跌，引起了我们进一步的兴趣，因为如果电动车真的可以颠覆传统燃油车，如果特斯拉顺利发展成电动车的霸主，股价显然会从低位大涨。

2019年，特斯拉号称是全世界用户忠诚度最高的汽车品牌，不过也有很多批评特斯拉做工粗糙的声音，同时也有很多人认为充电不方便导致的里程焦虑会阻碍电动车的发展。

我的结论是：电动车本身是一个高速成长的巨大的好赛道，几年后完全自动驾驶的应用会让出行变得越来越便宜和便利。同时5G应用结合电动车的网联化，可能会催生再造另外一个足以媲美整个汽车行业的应用产业。电动车产业会是一个比传统车产业大得多的赛道。

2003年特斯拉的两位创始人及随后领投A轮融资创始人都是世界级的软件工程师，没有任何传统汽车行业经验，从一开始就给特斯拉焊上了纯数字化发展和不受传统汽车上百年陈旧观念束缚的企业文化。

得出了以上结论后，我们利檀海外基金在2019年下半年开始买入特斯拉，不过我们采取了慢节奏的逐步分批建仓买入，因为我判断2020年初特斯拉中国工厂开始投产之前，特斯拉有可能会遇到类似2017年在美国发生的“产能地狱”，可能会拖累特斯拉的季度业绩。按照我看过的费雪的书中的理论，新工厂投产前期往往是容易碰到麻烦的时候，会短期影响企业业绩进而拖累股价。

没想到这一等就等飞了，特斯拉的股价2019年6月从市值346亿美元低位开始几乎没有回调地一路上涨，在2020年初总市值超过700亿美元，成为当时美国最大市值汽车公司，远超美国传统汽车两强通用（520亿美元）和福特（370亿美元），也超过欧洲知名车企宝马（520亿美元）和奔驰（600亿美元）。特斯拉股价在2019年下半年涨了大约一倍，可是，没人可以预料到，这还只是“开胃小菜”。在2020年，特斯拉先是在3月份跟着美股大盘回调到年初市值700亿美元的位置后，开始像火箭起飞一样突破极限，不断创出历史新高，到了2021年初，特斯拉市值甚至达到了9 000亿美元，是全球上市车企排名市值第二到第十名的市值总和。

在2020年3月的回调时没有买入特斯拉的我们，只能眼睁睁地看着特斯拉的股价一飞冲天。而且，当2020年下半年特斯拉的市值涨到车企历史上最高的2 200亿美元以上后，我们开始转为看空特斯拉。一家公司再好，当股市估值超越了行业的历史极限，就要以严苛的眼光来审视其市值是否符合身价。

特斯拉最大的问题是不能像苹果一样迅速外包扩张产能，这导致了特斯拉的产能增长不能特别快。

新能源车想要大规模提升产能比智能手机难度高，两者是完全不同的逻辑。汽车工业要比手机制造复杂得多，即使是整装环节，也决定了产品最终的性能，外包存在较大的难度。

汽车的生产线通用性不好。即使同一品牌，不同的生产线很难兼容不同款式的车辆。能够并线生产的车型，必须从一开始的设计阶段就开始考虑。扩充或改造生产线耗时长，投入资金大，这些都限制了将生产外包。就拿国内江淮为蔚来代工来说，也是单独设立生产线，从过往生产线筛选精英工人，此类OEM更多类似双方合作建厂，部分技术共享。

汽车的可靠性生产是一个关键性指标。厂家在生产的流程、工艺、管理上投入资金和精力，产生的专利、经验、技术成为车厂核心竞争力的一部分，这些技术的封闭性导致生产外包兴趣不大。参考汽车工业历史上案例，从20世纪90代开始，就有外包服务出现过，比如通用将部分闲置的生产力外包，用于生产丰田的汽车，但后来证明效果并不好，后来就没有大规模流行起来。但直到今天，外包生产仍旧还是有的，只是规模并不大，并不是汽车生产的主流方式。

新能源汽车产能的最大掣肘是电池，这点也不同于传统车企。按照特斯拉上海超级工厂50万辆的产能，每个月电池的产能需求超过我国2020年动力电池全部总量的一半，是宁德时代和比亚迪电池装车量的总和，而且前提是技术要满足特斯拉的要求。按照目前特斯拉四大工厂计划产能，完全建成后共计产能超过150万辆。简单来说，就算特斯拉自产电池，加上外包产能，电池供应也不一定能供应得上。这也是市场上一直盛传特斯拉极有可能在未来自造电池的原因。

特斯拉在爆款Model 3推出后，产生的效果类似苹果iPhone 4，制约盈利提升的核心是产能扩张问题，这也就有了后来的上海超级工厂。但如果想用类似国内“蔚来+江淮”代工模式进一步扩大产能，可行性并不高，因为国内传统车企巨头和特斯拉双方合作意向不大。特斯拉未来最大可能还是以自主生产为主，可能会将部分非关键部分外包。

四、雅迪控股

雅迪是中国领先的电动两轮车品牌，公司自2016年5月在港股上市，发行价1.43港元。

雅迪上市头四年，股价一直表现平平，在2020年4月初停留在2港元左右，然后从2020年5月开始一飞冲天，一路涨到2021年1月最高24港元，成为一只大牛的“十倍股”，具体见下图。

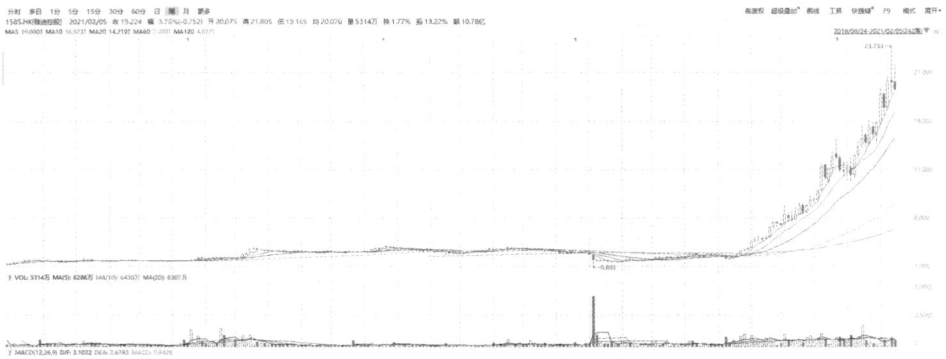

复盘雅迪上市5年来的表现，验证了投资界的一句话“股价多数时间不涨，而上涨时就像闪电劈下来那么快速”。雅迪上市前四年股价基本没涨，然后从2020年4月至2021年1月从2港元涨到24港元，九个月时间涨了11倍。

在雅迪股价启动之前的上市前四年，市值一直徘徊在40亿港元~60亿港元，在港股中属于没人关注的小市值股票。

港股大部分交易量来自机构投资者，而机构投资者买股票最重要看两点：其一，这只股票是否有足够多的第三方研究报告覆盖？如果没有，无论从了解公司深入程度和投资公司风控角度，基金经理都很难下手去买入一只没有很多投研资料支持的股票；其二，这只股票是否有流动性？机构的资金量比大多数散户大得多，一只一百亿港元市值以下股票很多交易日全天交易金额都不足一千万港元，流动性很差，买也难，卖也难。

所以，受到上面两个因素的影响，港股的小盘股估值长期受到压制。很多A股投资人特别是最注重估值的价值投资者，刚进入港股，往往觉得能找到很便宜的小盘股标的，公司ROE高，财务状况好，股息率高，市盈率低，找到之后欢天喜地买入，以一颗坚定的心长期持有，没想到港股上便宜的小盘股会一直很便宜，成了很多价值投资者的“便宜陷阱”。

作为2016年港股上市市值50亿港元左右的小盘股，雅迪虽然贵为中国电动两轮车企业中市占率最高、出口量最大、利润最多、净资产收益回报率最好的龙头企业，其股价却一直不见起色。在2019年7月甚至遭遇过一天之内收跌25%，盘中一度大幅下跌达到60%的惊魂一日。

雅迪为什么上市前四年，从2016年5月到2020年4月股价一直没涨呢？为什么从2020年5月开始股价一飞冲天呢？我们可以试着从2016年到2020年雅迪的财报来分析一下，见下表。

雅迪2016年—2020年财报（单位：万港元）

雅迪控股[01585.HK]	2020-12-31	2019-12-31	2018-12-31	2017-12-31	2016-12-31
营业总收入	1 937 694.70	1 197 340.20	992 260.90	785 571.70	666 814.30
同比（%）	61.83	20.6	26.32	17.81	3.57
净利润	95 738.90	51 641.10	43 103.60	40 469.80	43 012.90
同比（%）	89.64	19.81	6.51	-5.91	14.56
ROE（%）	28.49	17.37	16.32	17.25	28.65

数据来源：Wind

从2016年到2018年的三年间，雅迪的销售收入保持加速增长，不过净利润一直原地踏步，停留在4亿港元多一点，市场不单看收入增长，还要看净利润有没有同步增长，更何况2017年雅迪净利还是负增长。2019年雅迪净利增长不错，达到了近20%，从4.3亿港元增长到5.1亿港元，不过营收增速从前一年的26%放缓到了20%。2019年7月雅迪股价遭遇惊魂一日大幅下跌时，新闻报道普遍指出，在电动两轮车市场，雅迪缺乏核心竞争优势，面临爱玛和小牛等竞争对手的强烈冲击；雅迪的中低端铅酸电池两轮车售后服务比不上爱玛，高端锂电池两轮车质量比不上小牛。总之，当一只股票股价下跌时，总能找到很多长篇大论地分析为何一定会下跌的文章。

不过在2020年，雅迪在营收和净利润增速方面都取得了巨大突破，收入增长达到62%，净利润增长更是达到了惊人的90%，全年净利9.6亿港元，比2019年的5.1亿港元近乎翻倍。所以市场给出了热烈的反应，股价从2021年5月开始一路上涨，从5月初的2港元多涨到了7月初的5港元多；7月6日，公司发盈喜公告称2021年上半年由于销量增长带动半年净利较2020年同期增加超过90%，第二天股价一天就大涨22%，冲破6港元。

雅迪股价从2港元涨到4港元后，市值开始突破一百亿港元，涨到6港元后市值接近二百亿港元，越来越多的机构开始建仓买入，雅迪的日交易金额从2021年3月份日均不足一千万港元放大到了5月份的五千万港元，6月份甚至又达到了日成交破亿港元，到了7月7日的盈喜大涨这天，日成交达到2.8亿港元，雅迪已经彻底摆脱了流动性不足、机构难以买入的难关。

相应地，投行券商研究所的分析师们也开始了对雅迪的跟踪覆盖，发布了越来越多的雅迪研究报告。有了分析师的覆盖，雅迪就吸引了更多机构投资者的关注。雅迪突破了交易流动性不足的难关后，接着又有效突破了分析师覆盖不足、市场关注度不足的难关，从此走上业绩推动股价上涨，股价上涨吸引机构关注，关注后发现电动车确实是回报率高、市场前景好的行业，而雅迪是这个好行业里发展最好的龙头。雅迪的股价从2020年4月底的2港元，一路上涨到2021年1月的24港元，成为一年十倍的大牛股。

A股的小市值股票在2017年以前估值一直比大盘股高，代表A股较小市值的指数中证1000（由全部A股中剔除中证800指数成分股后，规模偏小且流动性好的1000只股票组成，综合反映A股市场中一批小市值公司的股票价格表现）在2016年底9000点左右，从2017年开始一直都低过9000点，2021年6月在7000点左右，比2016年底下跌22%。而同期代表A股较大市值的指数沪深300从2016年底的3310点，到2021年6月的5240点，上涨了58%。从指数可以看出，从2017年开始，A股的市场偏好改变了，小盘股估值一直往下走，大盘股估值往上走。这背后的原因是自2017年开始，A股的交易量逐步从散户主导发展成机构主导。这种变化符合资本市场发展的规律，随着市场的成熟，投资人逐渐会意识到，投资这种专业的事还是要交给专业的机构来做。

这种变化导致A股小盘股也像港股一样，估值逐年走低。A股现在也有4000多只股票，和港股上市公司的数量差不多，而机构的投研力量不可能覆盖全市场这么多公司，只会集中到流动性更好的大盘股上，造成大盘股越来越受追捧。

也正因为这种变化，如果我们能在被市场忽略的小盘股里面找到基本面不断向好而股价还没有反应过来的“珍珠”，就有可能发掘到像港股雅迪这样随着业绩爆发，股价发生大幅上涨的投资机会。

五、航 空 股

我在2017年曾经买入航空公司股票：港股的东方航空和南方航空。当时对航空股产生兴趣，是受到巴菲特买入美国航空公司股票的影响。

巴菲特早年一直说航空公司是毁灭投资价值的典型代表，因为航空公司同质化竞争太厉害，客户完全没有品牌忠诚度，买机票通常只会选择价格最优惠的，而且航空公司都要花重资产购买飞机，运营成本很高，不是巴菲特喜欢的轻资产高回报的行业。但是世事难料，到了2016年，86岁的巴菲特摇身一变开始大手笔买入美国四大航空公司的股票，成为达美航空和联合航空的第一大股东，西南航空和美国航空的第二大股东。

巴菲特古稀之年转变了对航空行业的看法，是因为进入二十一世纪后，美国航空业经过大约一百年的发展，大量的中小航空公司先后破产消失，行业开始进入四大航空公司主宰市场的时代。随着竞争格局的稳定，美国的四大航空公司减少了彼此间的价格竞争，不再盲目追求扩张，客座率保持在稳定的80%以上高利用率。

同时，从2015年开始，作为航空公司最大成本的石油价格随着美国页岩油的兴起始终保持在每桶八十美元以下。收入和成本都开始稳定在有利位置，在可预见的未来，美国的航空公司成了一门稳定赚钱的生意。稳定赚钱同时不需要大举扩张，美国四大航空公司开始把留存利润用到回购股份和增加派息上面，形成了

ROE持续回升，派息率升高，股价上涨的良性循环。

巴菲特的投资理念没有改变，改变了的是美国航空行业的竞争格局和盈利前景。不变的是航空行业依然很难建立客户忠诚度，所以巴菲特同时买入四大航空公司，等于买入整个美国航空行业。在2017年伯克希尔哈撒韦股东大会上，巴菲特称，对未来五到十年的美国航空行业盈利前景保持乐观。

基于同样的判断，我在2017年选择买入了中国三大航空公司的两家：东方航空和南方航空的港股。

买入一年后我全部卖出了，因为东方航空和南方航空的盈利并不如我的预期。东方航空和南方航空由于自身原因，经常会设立一些飞小城市的航线，旅客不多，上座率不高。

和中国的航空公司不一样，2015年到2020年初期间，美国的四大航空公司确实就像巴菲特预测的一样，保持高盈利和高ROE。其中的达美航空，在经历2001年和2004年的破产重整之后，逐步恢复盈利并成长为全球最赚钱的航空公司。

	2015	2016	2017	2018	2019	五年平均
达美航空ROE	46.04	27.80	27.31	28.52	32.82	34.498
贵州茅台ROE	24.25	22.94	29.61	31.20	30.30	27.660

如上表所示，过去5年达美的ROE是高过贵州茅台的。达美航空的负债率远高于茅台，从ROA上来讲，达美远比不上茅台。

达美航空	2015	2016	2017	2018	2019	总共
回购股票（亿美元）	22	26	17	16	20	101
股息（亿美元）	3.6	5.1	7.3	9.1	9.8	35
资产负债率	80%	76%	74%	77%	76%	

如上表所示，达美航空在2015年至2019年5年间共计花费了101亿美元回购

股票。如果从2013年初开始算，截至2019年底7年间，达美航空一共回购自家股票达总股本的25%。同时，2015年至2019年五年间，达美航空共现金分红35亿美元，连同回购股票的101亿美元，五年间达美总共回馈股东136亿美元，确实是巴菲特最爱的公司风格。

直到全球疫情的发生，彻底改变了全球航空业的经营状况。

航空公司是重资产高现金流行业，通常高杠杆运作，收入骤然剧减，确实日子很难过。在2020年2月底，巴菲特在50美元左右增持了股价大跌的达美航空公司股票，表明其对航空行业的前景还是看好的。不过随着疫情的加剧，巴菲特一反常态没有坚持长线持有，在2020年3月底达美航空股价一个月内从50美元跌到30美元以下位置时开始抛售对航空公司的持股。巴菲特高买低卖的消息一传出，立刻成为全球价值投资者最热门的话题。

我开始思考达美航空公司股票是否值得抄底，而关键的点是：达美会不会破产？这是一个关系到值不值得抄底买入达美的价值百万的问题，如果公司将来会破产退市，哪怕股价跌得再便宜也不适合抄底。

如果达美申请破产重组，按照规定股票必须退市，股价会跌破一元甚至可能一文不值。我相信这是巴菲特减持达美的最大原因，毕竟割肉卖出也比最后分文不剩强得太多了。

巴菲特选择了谨慎，我倒是不认为疫情会使得将来的航空市场长久萎缩。飞行的原因主要是：商务工作、探亲访友、度假娱乐。商务来讲，假设有一个订单，两家性价比差不多的供货商，选择飞去和客户见面的供货商和只和客户视频电话交流的供货商，谁更有可能获得订单？探亲访友，这几年的微信视频，使得我们春运探亲的人流减少了吗？度假娱乐，在家里的体验感绝对比不上飞到一个远方城市。人们会为了仅仅好了一点点的体验感去付钱，就像即使电影票比电脑下载电影贵很多，人们也更愿意去电影院看电影一样。

思考的结果，2020年3月份和4月份时我在利檀海外基金以平均25美元成本买入达美航空。当时我还不知道巴菲特正在迅速全部卖出所有的航空股票，以为只是部分减持，觉得和巴菲特同时交易同一只股票，是一次难得的学习机会，可以通过自己深入思考下注同一个交易标的，深刻体会巴菲特面对危机时的投资思路。

在2020年5月初，看到了巴菲特全部卖出航空股的消息，我开始重新审视买入的达美航空。当时达美航空一共获得54亿美元的紧急资金，包括地方政府提供的16亿美元无抵押10年低息贷款，另外达美向政府发行了股票认购权证，5年内政府能以每股24.39美元的价格收购达美1%的股份。政府果然出手救助了，达美航空应该不会破产，不过，疫情结束时间的不确定性使得航空公司恢复盈利的前景也充满了不确定性，我最终在2020年6月达美航空股价反弹超过30美元时分批全部卖出。

第七章

写给投资者的话

一、低增长时代如何盈利

中国从1978年开始实行改革开放，40多年来，GDP一直保持快速增长，特别是1979年至2008年的前三十年，年均GDP增长接近10%。国人受惠于改革的春风，在齐心努力不断做大蛋糕的过程中，各行各业都有很多赚钱的机会，多数人的财富都在持续增长。2008年受到美国金融海啸引起的世界经济衰退的冲击，即使中国经济也受到影响，但之后又迅速回到快速增长的轨道。

不过事情从2010年开始转变，2010年至2019年的十年间（见下表），中国GDP平均增速从改革开放以来前30年的10%~20%下降到了不足8%，蛋糕变大的速度变慢了，各行各业赚钱开始难了。即使是原来经营得好的生意，扩大再投资的收益也越来越薄，动不动还会亏钱。

中国经济总量2010—2019年增长率										
年份	2010	2011	2012	2013	2014	2015	2016	2017	2018	2019
GDP增长（%）	10.6	9.5	7.9	7.8	7.3	6.9	6.7	6.9	6.6	6.1

数据来源：中国统计局

很多人可能会问，GDP增速只是从10%降低了两个点，怎么生意就变得这么难做了呢？GDP增速近十年来是越变越低的趋势，从2015年开始跌破7%，到2019年进一步走低到6.1%，在人均GDP突破高收入国家人均1.2万美元的门槛后，我国GDP总量增速未来还会逐步降至高收入国家GDP长期年平均增速2.5%的水平。我国GDP增速2019年的6.1%比起2010年的10.6%下降了40%多，这意味着蛋糕增长的速度已经大幅下降。各个行业里面已经发展壮大的龙头企业，凭借资金优势和人才优势，在原有的蛋糕中不断扩大自己的份额，新入者的机会空间就会被挤压得越来越小，赚钱变得更加困难。

大众手里40年来积累的财富大量流向了银行理财和货币基金，比如余额宝等。不过这两年来为了给企业减负，积极引导市场利率水平下降，带来的影响就是余额宝这类货币基金的收益下降，2020年的收益率已经跌破2%，是余额宝自2013年成立以来的第一次。余额宝收益率2013年成立时超过4%，在2016年走低跌破3%后，随着2017年美联储进入加息周期，中国市场利率也开始上升，余额宝收益率随之走高，在2018年一度恢复到4%。不过从2018年开始，不得不加大宽松力度。从2019年8月1日开始，美联储时隔十年再次降息，开始进入新的一轮降息周期。2020年3月，随着疫情引发全球经济衰退，美联储进一步降息至零利率。这一轮经济衰退叠加美国等主要经济体处在历史高位的负债率，企业还债压力大，这一轮全球主要经济体史无前例的集体零利率甚至负利率政策估计会持续很长一段时间。美联储在2020年6月已经宣布，零利率至少要维持到2022年。我估计从2022年以后，美国政府和企业的负债率也很难短时间内降到安全水平，零利率会继续持续，甚至不排除出现负利率。中国同样面临这些问题，利率水平也不会走高，余额宝收益率会长期保持在2%以下低位。

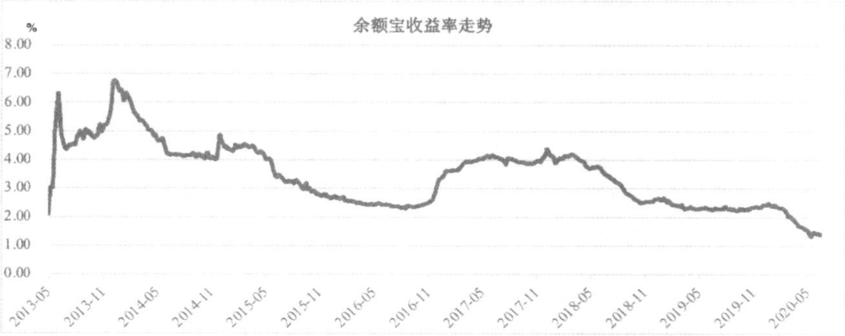

数据来源：Wind

金融资本市场的本质是投资，所有金融投资产品的本质就是借钱和放贷。钱放着不能自动生钱，钱要生钱一定是自己做生意或者给别人用来做生意赚钱，给别人的方式是投资入股或者借款收息。所有银行理财、信托理财等本质都是借钱和放贷。

信托理财是借钱给大一些的企业，主要是房地产企业和地方政府基建平台，风险次之。信托理财的放贷对象资质较差、抵押物不足，不能从银行正常拿到贷款，只能以比银行贷款利息更高的信托产品的方式募资，所以，信托理财的坏账率会比银行不良贷款比率更高。2020年第一季度末，全国商业银行报表不良贷款率是1.91%。随着房住不炒的政策深入执行，这几年很多中小房企处于破产边缘，信托理财的违约率开始不断提升。2020年第一季度末信托不良率为3.02%。同时信托理财的收益率也在逐年走低，2020年5月发行的信托产品平均收益率为7.49%。

银行理财相对安全，但是收益率通常只有信托理财收益率的一半。根据2018年银行业协会报告，银行理财资金投向的底层资产里面，债券等标准化资产占

68%，非标产品（主要是信托产品）占17%，同业理财占4%，其他金融衍生品和股权等占10%。从上面银行理财资金的投向来看，银行理财完全是有可能亏损的，以前的银行理财刚性兑付是不可持续的，所以，国家在2018年4月颁布《关于规范金融机构资产管理业务的指导意见》（简称“资管新规”），要求银行在2020年底前把所有刚性兑付的理财产品改成不保底的净值型产品。截至2020年7月，已经有60%的银行理财产品改成了不保底净值型。自2020年以来，已经有一些银行净值型理财产品出现短期亏损，打破保底刚兑成了不可逆转的趋势。

那么，在低增长低利率时代，究竟怎样投资才有好的回报呢？

美国经济学家、沃顿商学院金融学教授西格尔是美国首位诺贝尔经济学奖获得者萨缪尔森的弟子，西格尔写的《投资者的未来》一书里收录了统计了1801至2001年的两百年间，剔除通货膨胀影响后投资股票、债券、票据和黄金等四大类资产的累计收益和只持有美元的实际购买力变化的数据对比，如下图所示。

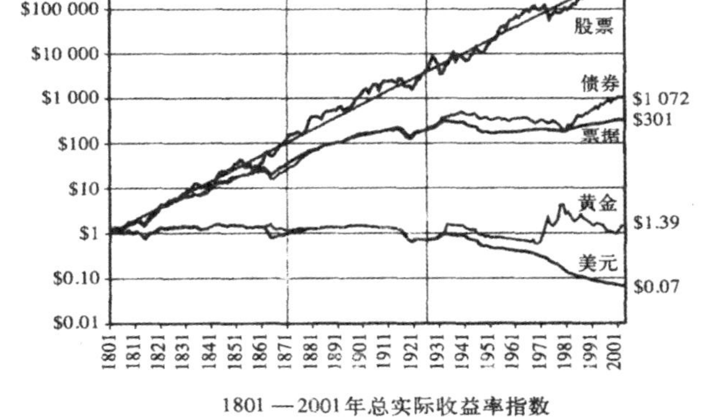

1801 —2001年总实际收益率指数

资料来源：《投资者的未来》一书

从200年的资本市场数据来看，投资股票的回报达到惊人的57.9万倍，而持有美元完全不进行投资的话，购买力下跌93%。可见，即便是持有全球最强劲、最保值的国家货币，长期购买力也要被时间大幅侵蚀。背后的原因在于，货币是由政府印制发行的，政府倾向于根据形势变化大量印钞，导致货币发行量超过社会生产力的增长，造成物价上涨。

目前各主要国家货币均为国家信用货币，政府可以根据情况自行印钞。当发生经济衰退引发金融债务危机时，各国政府的一致动作就是打开印钞机大量增加货币供应。比如2020年3月，疫情引发美国资本市场大跌，经济临时停摆，大量的高负债企业和个人陷入还不起债的危险境地。美联储迅速加大印钞，通过到二级市场购买大量债券救市，短短两个月内美联储资产负债表就从3月中旬的约4万亿美元膨胀到6月中旬的7.2万亿美元，下图所示为2020年1月—6月美联储资产负债变化。

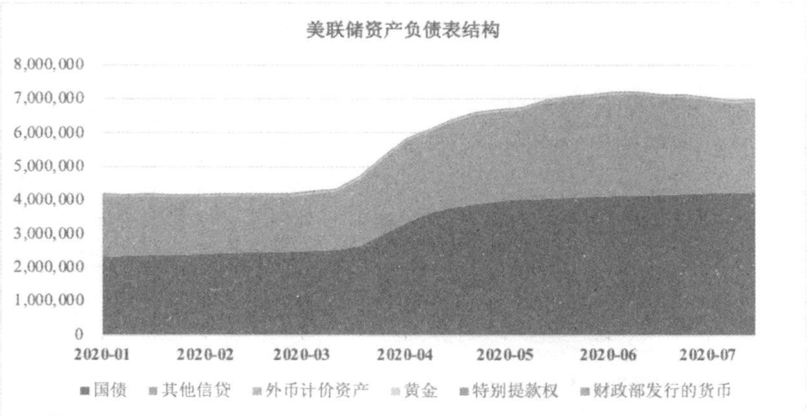

数据来源：Wind

因为没有金本位的限制，即使是在经济没有衰退的正常时期，各国政府也倾向于以多印钞制造适度的通货膨胀来支持经济成长，美联储的主要目标之一就是促使通货膨胀能达到并保持2%的健康水平。总之，能用印钞来解决的问题，不需要挂钩黄金金本位的各国政府印起钱就毫无忌惮、绝不手软。所以从长期来看，货币贬值会是一种世界性的普遍现象，钱会变得越来越不值钱。

黄金是世界上最古老的货币之一，黄金是世界公认的硬通货，世界各国央行都持有黄金战略储备。在1971年之前，以美元计算黄金的价格是不变的，每盎司黄金大约35美元，常年不变，美元实行钉住黄金的金本位制度。不过从1971年后，美国政府被迫放弃美元金本位制度，将美元改成信用货币。通常在恶性通货膨胀及经济危机发生的时候，黄金是一项很好的避险投资。

不过作为一种商品，黄金价格也有明显的周期性，下图所示是伦敦现货黄金1968—2020年的价格走势。

伦敦现货黄金（美元计价）1968年—2020年的价格走势

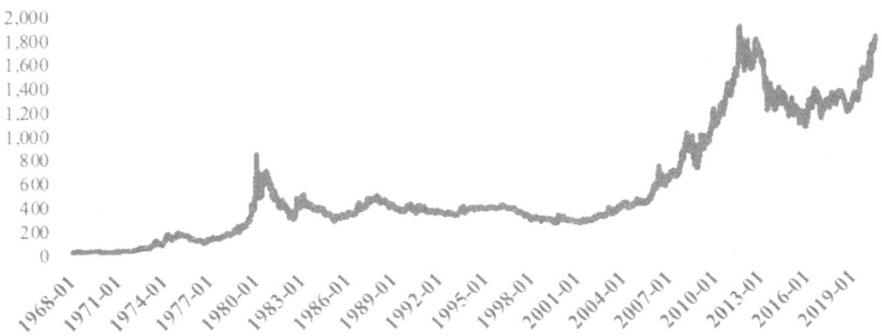

数据来源：Wind

黄金价格从1971年开始，先从原来的35美元上涨了10年直到1980年的700

美元，然后又长周期下跌了20年直至2000年的250美元，之后长周期上涨了11年直到2011年的历史高位1920美元，再下跌了5年至2015年的1 050美元，随后又持续上涨直到2020年7月的1 800美元。

对黄金以后的走势，我个人的判断是，2008年金融海啸后，各国央行持续货币宽松了超过10年，随着全球负债大周期走到末端，各国政府和企业甚至个人的杠杆负债率都走高到了一个很难持续的位置。接下来全球经济面临长周期去杠杆，估计各国央行的超低利率政策还会延续多年，货币超发有可能引起通货膨胀抬头，利好黄金。

2020年3月以来，为了救助美国股市四次熔断引发的流动性危机，美联储开启“无限量QE”，火力全开，亲自下场购买各种资产，甚至包括低级别企业债，透支了美联储信用，增加了美元体系的不确定性。随着各国政府对于主导美元印钞权的美联储太过挥霍的担心，国际货币市场存在美元主导的国际货币体系向多元化国际货币体系转变的可能。近几年来，各国央行持续增加黄金储备数量，随着对美元货币主导权的担心，估计各国央行的购金行为会持续，利好黄金。

展望未来几年，我个人认为，黄金的价格可能持续上涨，大家可以适当配置黄金做投资。投资黄金可以买实物，或者买银行纸黄金。如果有股市账户的话，也可以购买黄金ETF，我自己管理的基金就购买了一定比例的黄金ETF，下图所示为518880黄金ETF 2018—2020年的价格走势。

数据来源：Wind

虽然未来几年我个人看好黄金并会做部分配置，但是黄金毕竟只是有货币属性的商品，价格和其他商品一样都有周期性。从百年经济史维度来看，回报最好的投资品种是上市公司的股票。

从本章开头的200年统计图上看就会明白，上市公司股票是最好的投资品种。这背后的道理很简单，通常是各个行业盈利能力最强的公司才能上市，上市以后融资能力和销售渠道、内部股权激励机制、产品知名度又会进一步提升，比未上市的同行更有竞争力。基本上，各个行业的上市公司的盈利能力都是行业最强的、最挣钱的，投资最赚钱的公司的股票可以分享公司的赚钱能力，当然回报最好。

需要注意的是，西格尔统计的200年投资回报的股票回报指的是大盘回报，不是某一只个股。美股上市公司有4 000多家，A股上市公司也有4 000多家，港股上市公司有2 000多家，不是随便买入一只股票就会有好的投资回报的。上市公司良莠不齐，买到差的公司，股票价格长期会下跌，甚至还会退市，投资人的钱可能会打水漂。但是买以主要上市公司股价计算的大盘指数，就肯定不会出现像不小心买到乐视这样的退市股票导致全军覆没的情形。所以，世界上靠股票挣钱最多的人——巴菲特反复强调，对于普通投资人来讲，最好的投资品种就是买大盘指数ETF，管理费低，不会跑输大盘。只要不跑输大盘，多年累积收益就不会差。买A股大盘指数我推荐买沪深300，因为沪深300指数涵盖了沪市和深市的主要股票，比单独上证指数或者深证成分指数更加全面。当我展示我管理的利檀系列基金业绩时，比较的基准就是沪深300指数。下图是美国标普500指数2010年7月16日—2020年7月15日走势图，沪深300指数2010年7月16日—2020年7月15日走势图

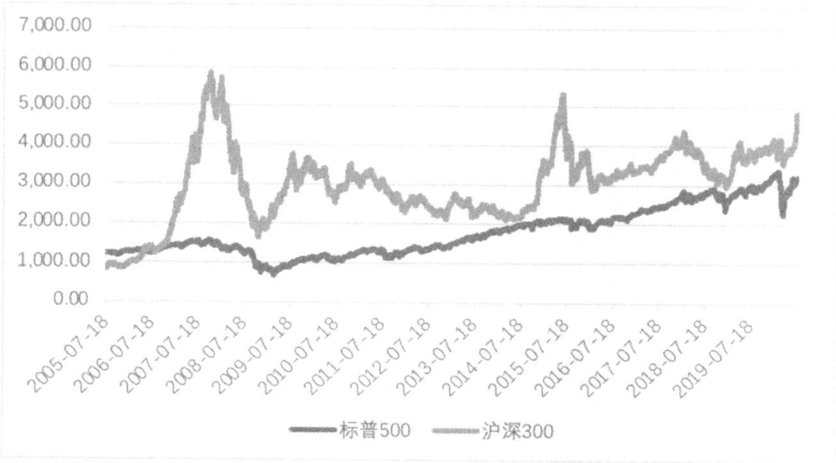

数据来源：Wind

从2010年至2020年的十年收益率来看，美股明显跑赢A股。过去十年美国经济持续繁荣，失业率也在2019年达到50年来的最低位，实现了充分就业。强劲的经济加上低利率货币宽松的资金面，造就了美股的十年大牛市。不过，长达十年

的货币宽松，也让美国经济的整体负债率积累到了高位，甚至超过了2008年金融海啸前的位置。美国经济已经到了负债率很难持续的位置，未来数年可能不得不逐步降低杠杆。当一个经济体在逐步加杠杆的时期，经济发展是比较容易的，相反，当一个经济体处在去杠杆的过程，经济成长就困难重重。2018年中国经济和股市都碰到了极大困难，背后原因就是下决心去杠杆，打破刚兑，让一些竞争力不行的企业债务违约和破产。估计未来数年美国经济和股市也可能会碰到同样的困难，一般来讲，一个经济体和股市经过长达十年的大繁荣后，后一个十年的成长和回报大概率会比前十年有所下降。

唯一足够大的资金蓄水池就是股市了。2020年7月，A股总量超过70万亿元，而过去十年A股涨得不多，上证指数离2007年高位6100点和2015年第二高位5100点还差得很远。积极引导财富转移入股市，相信未来十年A股会有比过去十年好得多的收益。

二、自己炒还是买基金

投资股票自己炒好还是买基金交给专业人士操作好呢？

股票投资的本质是购买公司的部分股权，成为和投资的公司利益相关的股东。当公司业务发展不错，盈利增长，股东相应可以享受股息分红，或者当股价上涨后卖出，股东实现收益。

不过，A股很多投资股票的散户似乎并不真正在乎买的公司有什么长期前景，甚至对公司从事的什么业务都一知半解，这样盲目买入股票的行为不是投资，是投机。投机多年来在A股很流行，大家习惯了把买卖股票叫作炒股，“炒”就体现出投机的心态。以投机的心态买卖股票，其实和去赌场碰运气没有多大的差别。所谓“十赌九输”，去赌钱的大多数是亏钱的，同样，在股市投机炒股多数也是要亏损的。

2019年是A股表现不错的一年，在2018年A股取得有史以来第二大跌幅之后，2019年沪深300指数取得全年36%的涨幅。根据中国证券投资者保护基金有限责任公司在2020年3月28日发布的《2019年全国股票市场投资者状况调查报告》，2019年全年A股专业机构投资者的赚钱比例是91.4%，即9成以上的公募和私募基金等专业投资者都是赚钱的，而自然人投资者的赚钱比例是55.2%，即散户赚钱的比例不到六成。从上海证券交易所统计的2017年的数据可以看出，在赚钱效率上，专业机构也远超散户。

专业机构和散户赚钱效率对比（见下表）

2017 年	持股市值（亿元）	盈利金额（亿元）	持股回报率
自然人	59 445	3 108	5.20%
专业机构	45 294	11 156	24.60%

数据来源：上海证券交易所2018统计年鉴

这背后的原因也很好理解，专业机构对行业和公司的研究肯定比散户要深入得多，专业的事情还是要交给专业的人来做（见下表）。

	机构投资者	个人投资者
信息获取	专门的法人机构，具有大平台的优势，能够组织充足的人力、物力去搜集信息，同时也能整合市场上各方面研究资料，在信息储备上更为完善	依靠多人作战，信息搜集和整理的成本较高，信息相对不全

续表

	机构投资者	个人投资者
专业优势	机构投资者具有系统性的研究框架，配备较强大的投研团队，在信息搜集、投资分析和管理服务上更具专业性，某种程度上对于市场的研判可能更为准确	碍于自身多方面的限制，在信息不全的前提下，采取的投资行为可能相对比较非理性
风格稳定	资金来源于募集和自有，其买卖行为会受到政策法规、公司交易规则方面的限制。部分机构可能还需要披露。同时由于基金量大，交易股票时能引起股价的大幅波动，交易成本较高，因而机构的持仓风格较稳健，不会为了博取高收益而大规模地暴露风险，持有期限相对较长	倾向于追求高风险高收益，跟踪热点主题，追涨杀跌，短期交易频繁

下图所示为散户和专业机构的区别。

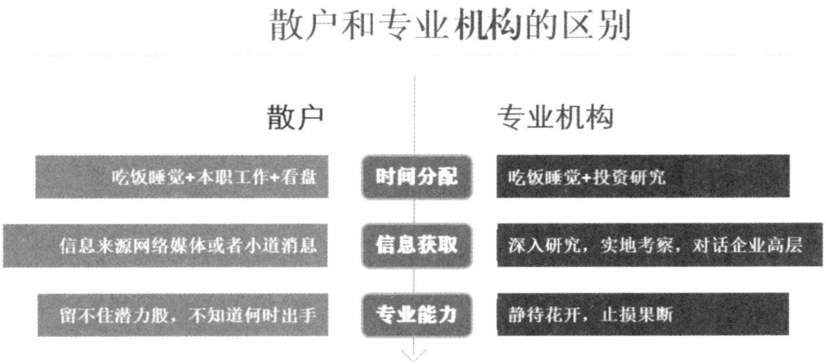

在20世纪50年代，美国股市上的散户持有市值比例也曾高达90%，后来逐步演化为专业机构持有市值比例越来越高。到了2018年，美股的专业机构持有市值占比已经达到93.2%，散户持有市值占比下降到了不足6%。

发达国家股市发展时间比中国长，散户投资者经过多年的体会，自然而然地会做出合理的选择，把专业的事交给专业的人来做。

股市的专业投资机构，包括基金公司、保险公司、信托公司和商业银行等。散户委托专业机构投资股票，主要是通过买基金的方式。

基金按照认购门槛分为公募和私募两大类，公募基金认购门槛低，一般公众都可以买，通过银行、证券公司销售比较多。私募基金认购门槛高，一般100万元起认购，同时投资者还需要提供本人持有300万元金融资产或者年薪50万元以上的单位证明。一只公募基金产品需要达到200位投资人下限才能成立，而一只私募基金产品正好相反，投资人不能超过200人上限。

因为客户人数少，私募基金的客户体验相对会比公募基金好。比如，投资人买了基金，想找基金经理交流，公募基金经理因为客户数量太多，基本上不会提供一对一服务，而很多私募基金可以做到。还有一个重大区别是公募基金除了收取年管理费，不收取基金赚钱部分的提成；而私募基金除了管理费，还会收取基金每年赚钱部分的一定比例，通常是20%（根据具体产品合同有差异）。相对来讲，私募基金公司的报酬和业绩挂钩更紧密，私募基金经理的利益和投资人收益绑定更深。

股票基金分为主动管理型基金和被动指数型基金。主动管理型基金由基金经理主动选股，目标是战胜大盘指数；被动指数型基金目标是跟踪特定大盘指数，误差越小越好，即大盘涨多少指数型基金就涨多少，大盘跌多少指数型基金就跌多少。

在发达国家的股市，由于交易量由专业机构占大头，可以说发达国家股市大盘由机构定价，是机构之间的博弈。机构想战胜机构并不容易，博弈的结果是在发达国家股市，机构想战胜大盘指数越来越困难。

A股和美股不同，A股目前的交易量和持有市值占比，散户依然超过机构，所以，A股的大盘指数价格是由散户定价的，在A股机构战胜大盘指数相对容易。根据中国基金业协会数据，2007年到2016年的十年间，A股股票型基金的累计收益率达到202.7%，同期沪深300指数收益仅仅为62.2%。下表为各类投资者交易占比。

各类投资者交易占比（单位%）

	自然人投资者	一般法人	沪股通	专业机构	专业机构（投资资金）
上海A股市场					
2007	86	3.6		10.4	8.3
2008	83.2	4		12.8	9.9
2009	85.4	3.8		10.8	8
2010	84.2	2.4		13	7.7
2011	83.5	2.1		14.4	7.1
2012	80.8	2.1		17.1	8
2013	82.2	2.5		15.3	6.2
2014	85.2	3	0.2	11.6	4
2015	86.9	2.1	0.6	10.5	2.3
2016	85.2	1.4	0.8	12.2	3.5
2017	82	1.9	1.3	14.8	4.2
上海科创板					
2019年7月22日至8月21日	89			11	

数据来源：《上海证券交易所统计年鉴》《关于科创板开市首月情况的答记者问》

虽然A股的散户持有市值占比最近10年在持续下降，但是从影响大盘指数价格最重要的指标交易量来看，截至2017年，散户交易量占比还维持在80%以上，所以，目前A股的大盘指数依然代表的是散户水平。等将来A股的交易量逐步由机构交易量占大头的那一天到来的时候，就是A股主动选股型基金也难以战胜大盘指数的时候。

中国的私募基金最早于2005年出现在深圳，由私募基金公司和信托公司合作，以信托产品方式运作。

2012年6月，中国证券投资基金业协会成立，2013年6月，新修订改版的《中华人民共和国证券投资基金法》生效，2014年3月，基金业协会开始发放私募基金牌照，中国私募基金正式纳入国家法律和证监会的监管。从2005年开始，私募基金合法化运作。截至2020年6月，中国一共有8 803家私募证券基金管理公司，成立了45 278只基金产品，管理规模26 523亿元。下图为中国私募基金管理公司数量。

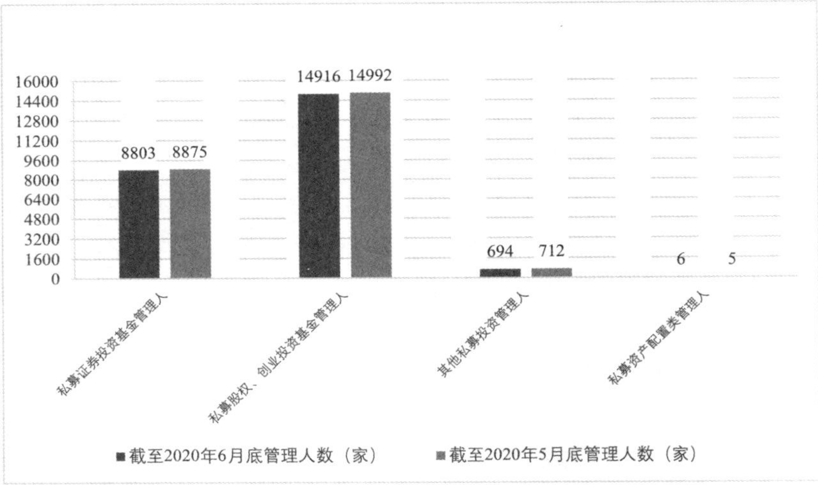

数据来源：中国证券投资基金业协会

下表为不同类型私募基金产品数量和规模。

基金类型	基金数量（只）	较上月变化（只）	基金规模（亿元）	较上月变化（亿元）
私募证券投资基金	45278	624	26523	164
私募股权投资基金	28665	-177	90040	-82
创业投资基金	8866	135	13511	73
私募资产配置基金	9	0	8	0
其他私募投资基金	3277	-187	13394	-154
合计	86095	395	143478	0

数据来源：中国证券投资基金业协会

需要注意的是，私募股权基金和私募证券基金是不同的。私募股权基金从事的是一级市场投资，也就是还没有上市的公司的股权投资。私募证券基金从事的是二级市场投资，二级市场指的是已经上市的公司的交易市场，即俗称的“股市”。私募股权基金牌照和私募证券基金牌照是不同的，持有私募股权基金牌照的公司不能投资二级市场股票，而持有私募证券基金牌照的公司不能投资一级市场股权。一般来说，私募股权投资的一级市场公司因为还未上市，一级市场的股票流通性差，需要培养投资的项目公司发展到能在二级市场上市才能有良好的流通性实现退出，所以，私募股权投资基金的封闭期通常要3~8年，投资人在封闭期内不能赎回。

从基金业协会的数据可以看出，目前我国私募基金中股权基金管理规模更大。截至2020年6月，私募股权基金管理规模90 040亿元，是私募证券基金管理规模的3倍多。即使私募证券基金加上公募股票基金（截至2020年6月公募股票基金管理规模15 382亿元），合计管理规模也不到私募股权基金管理规模的一半。随着A股注册制改革的推进，越来越多的中国优秀企业会加速度上市，中国企业资产证券化程度会逐步朝发达国家水平靠拢，相信今后股票型基金的规模会越来越大。

三、不推荐个股

当基金经理这些年下来，时不时有一些亲戚朋友问我：能推荐几只看好的股票吗?

我的回答都是：不行，我不能推荐个股。

从合规的角度来说，基金经理不应该推荐个股，推荐个股有协助“老鼠仓”（即利用基金公司内部消息在外部账户先行买入或者卖出），或者协助坐庄操纵股价的嫌疑。

而从投资的角度来说，即使我违规推荐了，你不一定会买，买了也很可能拿不住，拿不住就可能亏钱走人，然后怪我不够朋友，随便给你推荐一只烂股票。

任何股票都不可能一条直线上涨，再好的股票，也是波动的。就算是一只大牛股，股价真正上涨的时间也是短暂的，大多数时间是横盘甚至下跌。著名投资家查尔斯艾里斯在《投资艺术》中说：世界股市大部分投资收益是通过少数交易日实现的，当股价上涨的闪电打下来的时候，你必须在场。意思是，股价上涨的时间就像闪电或者烟花绽放一样短促，如果你错过了涨得最好、最急那一小段时间，股票涨得再好也跟你没有多大关系。

利檀投资2013年9月成立第一只产品利檀1期，在2014年10月成立利檀2期，以及2015年1月成立利檀3期，三只产品都是一成立就重仓茅台。重仓持有茅台4年时间，我们经常在公开和非公开场合表达对茅台这只股票的欣赏和爱慕，身边很多好友也知道我们在买入，其中一些朋友追随我们买入了茅台，可惜，没有一个是跟随到底的。因为茅台在2013年9月我们以150元左右成本买入后一路下跌，一直跌到2014年2月份最低的118元，然后在2014—2015年A股大牛市期间涨幅也远远比不上很多牛股，直到2017年，我们持有了三年多以后，茅台才随着大盘蓝筹股崛起而大幅上涨。不过，当初纯粹抄作业买入茅台的朋友们早就忍受不了三年不涨的煎熬，抛掉了。

听消息买股票，只适合做短线，而投资界的常识是：做短线的交易型投资者，没有一个是能像巴菲特这样赚到大钱的。

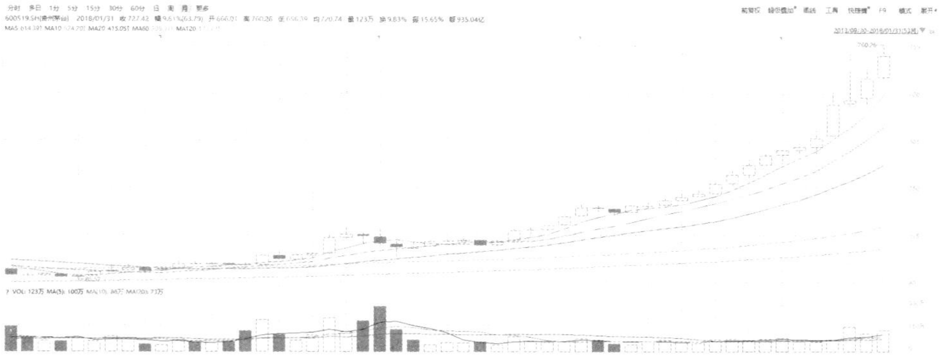

上图为2013年9月—2017年12月茅台股价

还有我们在2020年下半年的产品推销路演时，经常会举一个正在持有的股票例子：比亚迪股份。我们非常看好比亚迪在电动车这条赛道上的未来，觉得比亚迪一体化垂直整合生产电动车的成本优势是世界第一的。

如果参考我们路演的推荐在2020年下半年买入港股比亚迪，虽然会赚一波钱，但也会经历一波从2021年1月最高278元跌到2021年5月最低140元的惊魂腰斩。在这种大起大落中，只靠别人推荐的话，根本拿不住，跌了拿不住，涨了也拿不住。

要想真正做到当闪电打下来时在场，而且在闪电打下来时不被震出去，真正想赚到股票全程上涨的利润，就一定要自己去研究行业和企业，从内心对自己买入的股票有一个清晰而坚定的估值。

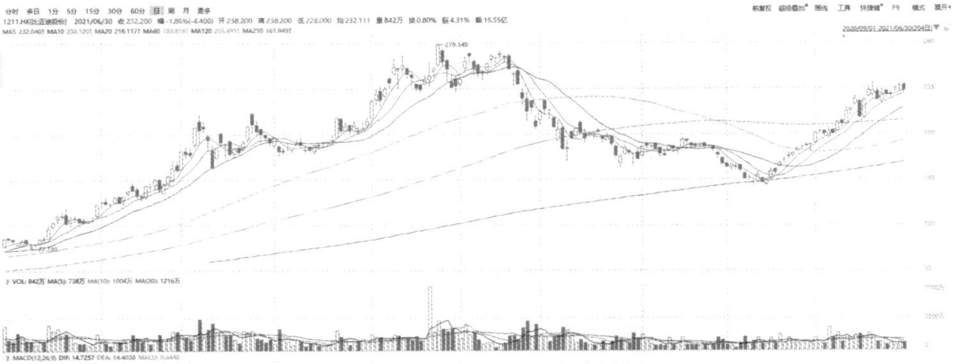

上图为2020年9月—2021年6月港股比亚迪股份股价

回到作为基金经理时常会遇到的灵魂拷问：能推荐几只股票给我吗？我真正想说的答案是：如果你真的想跟随我买股票，最好的方式是买入我管理的基金，因为集中投资一两只股票，往往波动很大，感觉不好，而我管理的基金会采取一个适度分散、攻守兼备的组合，靠投资组合来平滑个股的波动，持有体验比集中投资个股好得多。只有持有得安心，才能真正做到长期投资，实现复合收益带来的财富增长。

四、不要被股价涨跌影响

2021年6月财经新闻报道，某知名基金经理清仓平安，同时，媒体普遍将其与同期宁德时代市值突破1万亿元，成为深市第一大市值公司的新闻并列在一起报道，结论是“以中国平安为代表的传统经济股已经没有投资价值，应该去热情拥抱以宁德时代为代表的新经济股”。

2019年和2020年的股市是结构化行情，市场分化，有赚得很好的板块，也有基本没涨的板块。中国平安所处在的保险板块，在2019年和2020年股价基本上没有涨多少，中国平安的股价也一样，在2021年6月65元左右，比起两年前2019年6月的85元左右还下跌了约24%。

宁德时代所在的新能源汽车产业板块是2019—2020年的大热板块，在全球第一热门股票特斯拉的带动下，中国股市的新能源汽车产业板块也一涨再涨。宁德时代股价2019年6月72元左右，但是到了2021年6月涨到了500元左右，两年涨了大约6倍。

回到2019年6月，当时的中国平安是人见人爱的保险业龙头，而保险行业在中国的渗透率还远远比不上发达国家，有很大的发展前景。中国平安不只是保险做得好，由平安银行、平安证券和平安信托一起组成的大平安金融板块，作为公认经营最好、效率最高的金融控股集团，业绩一直是在快速成长。

同时平安还有经营得很成功的IT业务板块，是以互联网技术驱动金融发展的典范，兼备传统金融的稳健和互联网经济的核心资产，是各大基金必配的爱股。平安的股价也从2017年6月的45元涨到2019年的85元，在两年内涨了大约一倍。

反观2019年6月的宁德时代，处在电动车行业由于政府补贴退坡而影响市场销量的低谷，宁德时代2018年6月上市后到2019年6月股价基本没涨，停留在72元左右。

假如2019年6月用10万元买入当时热门的保险板块的龙头中国平安，到了两年后的2021年6月，10万元变成了大约7.6万元；如果当时用同样10万元买入当时无人问津的新能源汽车板块的宁德时代，两年后的2021年6月，10万元变成了大约70万元。

花无百日红，当年的热门，两年后不一定是热门。反过来在2021年6月这个时间点，如果我们做一个为期两年的选择，两年后的中国平安对比宁德时代，以2021年6月的股价作为起点，哪一个会涨得更好呢？

很多人习惯用短期股价涨跌来代替对行业前景的思考和判断，只要短期股价涨了，就是好行业、好公司、好股票，价格跌了，就是没有前景的行业和烂公司、烂股票。有这种思维模式的投资人，很容易成为股市上的输家。

宁德时代的业务是生产电动车动力电池，就是做电池卖给电动车车厂来生产电动车。因为电动车销量从2020年开始迅速增长，电池的产能暂时有缺口，供不应求。产能最大的宁德时代，电池非常抢手，很多主机厂都要排队去买。宁德时代秉承了中国企业的快速扩张、以快打慢的优势，不停地扩张产能，在销量不断增长的同时，因为产品抢手，毛利率也保持在28%~29%的高位。销量快速扩张的同时能保持高毛利率，使得宁德时代的净利润增长在2021年第一季度对比2020年第一季度同期达到惊人的159%，宁德时代的股价一飞冲天，股价在2021年6月上冲到500元，市盈率达到了170倍。

股市里的大部分人只是看着一两年的股价涨跌来进行判断，多数人从2019年6月对宁德时代的嗤之以鼻变成了2021年6月对同样一家公司的顶礼膜拜，觉得宁德时代代表了最好的新能源成长行业。

正确的股市赢家心态是当一只股票越是涨得好、市盈率越是高的时候，反倒是应该以更加严苛的态度去分析这只股票背后公司的商业模式是否能支持盈利的长期持续性的高增长。因为股价涨得越高，就代表对股票背后公司的业绩预期打得越满，当公司经营遇上逆风，不及市场预期的时候，股价下跌的空间会很大。

如果我们冷静地思考宁德时代的商业模式，第一，电池生产是一个生产工业品的TO B业务，没有消费品品牌属性，客户是生产电动车的整车厂。除了供不应求的时候，通常供应商面对作为甲方的整车厂是属于弱势的，整车厂不会长期忍受配套供应商享有比自己还高的毛利率。比如，多年来一直配合特斯拉生产供应电池的松下，动力电池业务就一直亏损，毛利率一直不高。从2020年开始，全球电动车销量高速增长，电池产能短时间内供不应求。宁德时代2020年的毛利率大约为28%，而利润率好的车企，比如以生产SUV为主，国内毛利率最高的整车厂长城汽车，毛利率在2020年也只有大约17%，长期来看，只要电池供求关系恢复正常，下游整车厂客户绝对不支持宁德时代持续保持现在的高毛利率。

第二，电池生产的技术门槛并没有像半导体芯片那么高，扩张产能是比较容易的。面对2020年电动车电池需求的全面爆发，全球前10名的动力电池厂都在规划扩大产能，可能从2023年开始，全球动力电池的供求局面就会逆转。到了2025年以后，甚至可能出现动力电池供大于求的局面。作为工业品行业，当发生供不应求，产品价格上涨，生产毛利率很高的时候，所有工厂都会去扩张产能，到最后往往由当初的供不应求演变为供大于求，周期的起伏不可避免。

第三，面对动力电池供应紧张和电池厂毛利率高的局面，很多整车厂也开始积极直接投资电池生产。比如，大众就宣布在欧洲规划成立6家40GWh的工厂，在2020年之前欧洲本土自建产能达到240GWh；长城汽车在2021年6月宣布在2025年之前通过子公司蜂巢形成215GWh的电池产能，按照一辆电动车单车产能59kWh（1GWh=100万kWh），215GWh电池可以完全覆盖长城汽车规划的2025年生产320万辆新能源车的电池需求，无须外购。整车厂的自有产能一旦建好，一定优先使用自有产能，届时电池供应商的销售就会面临需求下降的压力。

第四，动力电池是重资产投入的行业，当动力电池的技术迭代发生时，以前重金投入的生产线是否还具有竞争力是一个大问题。就像光伏行业技术迭代发生，单晶路线替代多晶路线时，过去的王者协鑫就被新王隆基公司取代。行业的技术迭代何时发生很难预测，但是动力电池技术作为类似光伏这样生产成本不断快速走低的新兴工业品，技术革命的风险是存在的，比如现在还没有商业化生产的半固态和固态电池，如果哪一天技术成熟了，大规模替代现有的液态电池的时候，原有重金投入形成的液态电池生产线规模优势，可能会一夜之间变成包袱劣势。

从长期来看，动力电池厂家的盈利前景可能会和大多数的工业品生产厂商一样，做得好的厂家可能会持续增长，但是很难长期保持激动人心的高速增长，100多倍的市盈率对应的100%以上的高速增长无法持续。

反而中国平安所处的保险行业这种轻资产的商业模式，从长远来看，往往比重资产的工业生产模式盈利更有保证，而且中国平安一向以科技互联网驱动保险、银行、证券、信托的大金融混业经营，比起同行更加具备发展潜力。

千万不能只凭一两年的股价涨跌来论英雄，应该以更长远的眼光去思考，特别是不能在一个好行业和好公司的低谷期去清仓已经下跌到安全位置的公司股票，转为拥抱一个已经涨到非理性高位的很难持续的公司股票。

读 者 意 见 反 馈 表

亲爱的读者：

感谢您对中国铁道出版社的支持，您的建议是我们不断改进工作的信息来源，您的需求是我们不断开拓创新的基础。为了更好地服务读者，出版更多的精品图书，希望您能在百忙之中抽出时间填写这份意见反馈表发给我们。随书纸制表格请在填好后剪下寄到：北京市西城区右安门西街8号中国铁道出版社综合编辑部 张亚慧 收（邮编：100054）。或者采用传真（010-63549458）方式发送。此外，读者也可以直接通过电子邮件把意见反馈给我们，E-mail地址是：lampard@vip.163.com。我们将选出意见中肯的热心读者，赠送本社的其他图书作为奖励。同时，我们将充分考虑您的意见和建议，并尽可能地给您满意的答复。谢谢！

- -

所购书名： ________________________________

个人资料：

姓名：______________ 性别：__________ 年龄：__________ 文化程度：________________

职业：____________________ 电话：________________ E-mail：____________________

通信地址：____ 邮编：____________________

- -

您是如何得知本书的：

□书店宣传 □网络宣传 □展会促销 □出版社图书目录 □老师指定 □杂志、报纸等的介绍 □别人推荐

□其他（请指明）________________________________

您从何处得到本书的：

□书店 □邮购 □商场、超市等卖场 □图书销售的网站 □培训学校 □其他

影响您购买本书的因素（可多选）：

□内容实用 □价格合理 □装帧设计精美 □优惠促销 □书评广告 □出版社知名度

□作者名气 □工作、生活和学习的需要 □其他

您对本书封面设计的满意程度：

□很满意 □比较满意 □一般 □不满意 □改进建议

您对本书的总体满意程度：

从文字的角度 □很满意 □比较满意 □一般 □不满意

从技术的角度 □很满意 □比较满意 □一般 □不满意

您希望书中图的比例是多少：

□少量的图片辅以大量的文字 □图文比例相当 □大量的图片辅以少量的文字

您希望本书的定价是多少：

本书最令您满意的是：

1.

2.

您在使用本书时遇到哪些困难：

1.

2.

您希望本书在哪些方面进行改进：

1.

2.

您需要购买哪些方面的图书？对我社现有图书有什么好的建议？

您更喜欢阅读哪些类型和层次的理财类书籍（可多选）？

□入门类 □精通类 □综合类 □问答类 □图解类 □查询手册类

您在学习计算机的过程中有什么困难？

您的其他要求：